Der Milliardär auf dem Jakobsweg

Über die Geheimnisse
von Erfüllung und Erfolg

Philipp Sommer

Druckausgabe ISBN: 9798396842595

„Es ist ganz einerlei, ob einer vornehm sei oder gering: Das Menschliche muss man immer ausbaden."

Johann Wolfgang von Goethe

Für Felix
in dankbarer Freundschaft

Vorbemerkung

Die in der Geschichte formulierten Ratschläge und Tipps verstehen sich als Inspiration und Denkanstößße und sollen die Leserin und den Leser dazu anregen, sich mit den jeweiligen Themen intensiver zu beschäftigen. Sie ersetzen keine professionelle psychologische oder finanzielle Beratung.

Mit einem Gefühl von Feierlichkeit trat Dennis Brenner aus dem Hotel auf die mittelalterlich anmutende Gasse. Obwohl es noch recht früh war, regten sich bereits einige Leute zwischen den pittoresken Häusern, die meisten von ihnen offensichtlich Pilger wie er. Denn genau das war er ab heute: ein Pilger. Die Sonne strahlte golden und wärmte sein Gesicht. Er atmete noch einmal tief durch, testete seine Teleskop-Wanderstöcke auf die richtige Länge, und dann lief er über das Kopfsteinpflaster die Gasse hinunter.

Saint-Jean-Pied-de-Port wirkte wie aus der Zeit gefallen. 1.500 Einwohner zählte das französische Städtchen im Baskenland. Sein Name bedeutete „Heiliger Johann am Fuße des Passes". Für viele Pilger, die den Jakobsweg laufen wollten, war dies der Ausgangspunkt. Die Stadt lag in der Region Nouvelle-Aquitaine im Südwesten Frankreichs, am Fuße der Pyrenäen. Sie war bekannt für ihre reiche Geschichte, und tatsächlich reizte sie die Sinne mit ihrem altertümli chen Charme und erinnerte an Szenerien aus Märchenfilmen. Über der Stadt thronte eine beeindruckende Zitadelle, die einst als Verteidigungsanlage gedient hatte, und in der heute das Historische Museum untergebracht war.

Schließlich näherte Dennis sich dem östlichen Stadttor, der *Puerta de Santiago*, auf Französisch auch *Porte Saint-Jacques*. Dies war ein bedeutender Moment, denn laut seinem Reiseführer hatte dieses Tor für Pilger, die hier starteten, eine besondere Symbolik: Es war der eigentliche Startpunkt der Pilgerreise.

Das Tor symbolisierte den Übergang von der weltlichen in die spirituelle Sphäre und wurde oft als *Puerta de la Luz,* zu Deutsch: *Tor des Lichts,* bezeichnet. Hier hielt Dennis inne, betrachtete das massive Steintor mit seinem gotischen Bogen andächtig, atmete tief durch, und dann folgte er dem legendären Pilgerweg. Als Wegzeichen diente die Jakobsmuschel, die sich überall am Rande auf Meilensteinen und Wegweisern zeigte.

Schließlich ließ er das Städtchen hinter sich, und vor ihm tat sich eine herrlich ländliche Szenerie auf. Zunächst ging es über sanfte Hügel mit Bergwiesen, auf denen eine Fülle von Wildblumen blühten und Schafe und Kühe grasten. Immer wieder kreisten Bussarde und Habichte am Himmel, und in der Ferne sah Dennis hier und dort ein Dörfchen oder einen einsamen Bauernhof.

Während er wanderte, kam Wind auf, der nach und nach immer stärker wurde und ihm unangenehm ins Gesicht blies. Das passte ihm gar nicht in den Kram, denn gerade die erste Etappe, die über die französisch-spanische Grenze bis zu einem Örtchen namens Roncesvalles führte, sollte es in sich haben. Sie führte hinauf zum Ibañeta-Pass auf 1.057 Meter Höhe, und hier galt es, eine heftige Steigung zu überwinden. Wer sich entschlossen hatte, die lange Pilgerreise auf sich zu nehmen, musste gleich am ersten Tag eine der schwierigsten Prüfungen bestehen.

Der Jakobsweg – das war nicht etwa ein einziger Pilgerpfad, sondern es gab ein ganzes Spinnennetz aus zahlreichen Pilgerwegen, die von mehreren Startpunkten in Spanien, Frankreich und Portugal aus alle zum gemeinsamen Ziel führten, nämlich der Kathedrale von Santiago de Compostela. Die wurde zur Pilgerstätte, da dort in einer Krypta angeblich die Gebeine des Apostels Jakobus aufbewahrt wurden – das Apostels, der seinerzeit die iberischen Völker christianisiert hatte.

Dennis hatte sich für den beliebtesten der vielen Jakobswege entschieden, den Camino Frances. Rund 50 Prozent aller Jakobsweg-Pilger liefen diese Strecke, und zwar vor allen Dingen deswegen, weil es hier eine große Dichte an Herbergen und Unterkünften gab, außerdem war die Strecke im Vergleich zu den anderen einigermaßen einfach zu laufen und daher auch für Anfänger geeignet.

Es galt, 32 Tagesetappen zu überwinden, auf einer Strecke von rund 800 Kilometern. Außer ihm waren einige weitere Pilger unterwegs, man grüßte sich und tauschte sich hin und wieder ein wenig aus. Thema Nummer eins war heute der Wind, der, so schien es, sich einen Spaß daraus machte, die hoffnungsfrohen Pilger ein wenig zu quälen und auf die Probe zu stellen.

Dennis war kaum zwei Stunden gelaufen, da hatte er bereits das Gefühl, dass nichts mehr ging. Seine Füße schmerzten, die Oberschenkel brannten, und die Riemen seines schweren Rucksacks zerrten an seinen Schultern, die ebenso verspannt waren wie sein kompletter Rücken. Zwar hatte er schon in den Monaten zuvor zu Hause trainiert, indem er mehrmals in der Woche längere Spaziergänge und Wanderungen unternommen hatte. Aber das hier war dann doch eine ganz andere Hausnummer, und alles in ihm schrie nach einer Pause. Aber irgendwie war es ihm unangenehm vor den anderen Pilgern, so früh schon Zeichen der Ermüdung zu zeigen.

Doch schließlich kam der Punkt, an dem seine Erschöpfung größer war als sein Stolz, und so warf er den Rucksack von sich und setzte sich an den Wegesrand. Er kramte eine Flasche Wasser hervor und trank in langen Zügen die halbe Flasche leer. Zu seiner Überraschung wurde er ganz und gar nicht schräg angesehen, im Gegenteil: Immer mehr Pilger nahmen sich an ihm ein Beispiel und setzten sich ebenfalls für eine kurze Pause in die Sonne.

Er schaute über die saftig grünen Hügel und fühlte sich fast ein bisschen erinnert an das Voralpenland im Allgäu oder Vorarlberg.

Während er saß und die traumhafte Landschaft in sich aufsog, wurde er nachdenklich und fragte sich, was wohl all diese Menschen dazu bewogen hatte, auf dem Jakobsweg zu wandern. Sicherlich waren viele von ihnen gläubige Christen. Aber ganz bestimmt nicht alle – so wie er selbst. Der katholischen Lehre nach wurde der Pilger, der den Weg nach Santiago de Compostela erfolgreich gewandert war, von allen seinen Sünden erlöst. Das war eigentlich kein schlechter Deal, dachte Dennis. Als Buddhist musste man einen schier endlosen Kreislauf von Wiedergeburten durchleben, wurde als Galeerensklave oder bettelnder Leprakranker wiedergeboren, dann womöglich als Ratte, Regenwurm und Kakerlake, und dies unzählige Male über Zeiträume von Äonen, bis die Seele endlich gereinigt und bereit war, aus dem ewigen Kreislauf auszubrechen und ins Nirwana einzugehen. Als Christ hatte man es ungleich einfacher: Man machte einen vierwöchigen Spaziergang, und schwups: die Sünden waren vergeben und man durfte ins Himmelreich eingehen. So betrachtet war man als Angehöriger der katholischen Kirche vergleichsweise fein raus.

Aber natürlich war das nicht Dennis' Motiv, den Jakobsweg zu pilgern. Vor Kurzem hatte er seinen 30. Geburtstag gefeiert, und der hatte ihn nachdenklich gestimmt. Er hatte eine Zwischenbilanz gezogen und war zu dem Schluss gekommen, dass sein Leben in eine Sackgasse geraten war, und er sehnte sich nach Veränderung.

Schon lange hatte er die Idee gehabt, den Jakobsweg zu gehen, vor allen Dingen, seit er die Bücher von Paulo Coelho und Hape Kerkeling über ihre Pilgerreise gelesen hatte. Und nun, da er an diesem fraglichen Punkt in seinem Leben angekommen war und ohnehin Urlaub genommen hatte, da hatte er Nägel mit Köpfen gemacht und sich entschieden, für gute vier Wochen aus allem auszubrechen und sich die Chance zu geben, mal in aller Ruhe über alles nachzudenken und seinem Leben eine neue Richtung zu geben.

Er war gerade dabei, seine schmerzenden Oberschenkel zu massieren, als ein älterer Herr mit strammen Schritten den Weg entlang marschierte. Er war von eher kleiner Statur, drahtig und wirkte agil und sportlich. Er mochte Anfang, Mitte 60 sein, hatte kurzgeschorenes weißes Haar und trug eine lässige

Sonnenbrille. Mit spitzbübischem Grinsen beäugte er Dennis und frotzelte im Vorbeigehen:

„Schmerz ist Schwäche, die den Körper verlässt!“

Er war also Deutscher und hatte an irgendetwas erkannt, dass Dennis ein Landsmann war. Einen Moment lang ärgerte er sich über den wenig originellen Spruch. Da der Ältere aber so ein charmantes Lächeln zur Schau trug, konnte er ihm nicht wirklich böse sein und gab einigermaßen freundlich zurück:

„Ihnen auch noch einen schönen Tag!“

Lachend zog der Mann an ihm vorbei, und Dennis wunderte sich, wo der seine Energie her hatte. Nach einer Weile sagte er sich: *Wenn dieser Zausel das schafft, dann schaffe ich das erst recht!* Und so erhob er sich und wanderte weiter gen Westen. Zu seinem Verdruss schien der Weg nun immer steiler zu werden, und er konnte sich nicht daran erinnern, jemals eine solche Steigung hinauf gewandert zu sein.

Es war die pure Hölle. Zu seinem Trost stellte er fest, dass es den anderen Pilgern nicht viel besser ging: Alle schnauften und kämpften sich den Berg hinauf, und man warf sich Durchhalteparolen zu. Doch schließlich, am frühen Nachmittag, hatte er den Gipfel erreicht und wurde mit einem prächtigen Blick über die umgebende frühlingshafte Bergwelt belohnt. Es war ein erhebender Moment im doppelten Wortsinn.

Das Etappenziel allerdings war noch längst nicht erreicht. Jetzt lag noch der Abstieg vor ihm, und der war nicht minder steil. In diesem Moment war er froh, dass er sich an den Rat seines Reiseführers gehalten und Wanderstöcke angeschafft hatte, denn ohne die wäre dieser Abstieg nahezu unmöglich. Doch auch mit der Hilfe der Stöcke erwies sich der Abstieg als kaum weniger anstrengend als der Aufstieg. Die Schwerkraft zerrte auf ungewohnte Weise an seinen Knochen und Sehnen, und mit dem schweren Rucksack auf dem Rücken fürchtete er stets, hart zu stürzen und dann den Abhang hinunterzurutschen.

Tapfer kämpfte er, und so hatte er es am späten Nachmittag endlich geschafft. Während sein ganzer Körper schmerzte, erreichte er das Etappenziel: den Ort Roncesvalles in der Provinz Navarra. Vor lauter Anstrengung hatte Dennis nicht mitbekommen, wie er die Grenze überquert hatte. Nun also war er in Spanien angelangt.

Der Ort war ziemlich überschaubar und wurde dominiert von dem verhältnismäßig ausladenden, leicht verfallenen Augustinerkloster, das aus dem zwölften Jahrhundert stammte. Für fünf Euro konnten Inhaber eines Pilgerpasses hier übernachten, 100 Betten standen im großen Schlafsaal zur Verfügung.

Er betrat das Kloster, ging zur Rezeption und zeigte als erstes seinen Pilgerpass vor und erhielt seinen ersten Pilgerstempel. Auf seinem Weg nach Santiago de Compostela würde er an jeder Etappe einen Stempel bekommen, und nur wenn sein Pass am Ziel alle Stempel aufweisen würde, würde seine Pilgerschaft anerkannt und er die zugehörige Urkunde erhalten – nebst Vergebung aller Sünden.

Nachdem er eingecheckt hatte, wechselte er in den Schlafsaal. Mit seiner gewölbten Decke und den Ziegelsteinwänden erinnerte er ein bisschen an den Speisesaal von Hogwarts, nur dass hier statt Esstischen reihenweise Etagenbetten standen.

Er suchte nach den letzten freien Betten, und wählte eins an der gegenüberliegenden Wand. Sodann warf er den Rucksack auf das Bett und verließ das Kloster, um im Örtchen ein Restaurant zu finden, denn nach der anstrengenden Wanderung nagte ein mächtiger Hunger in seinem Magen. Schließlich fand er ein schlicht-rustikal anmutendes Gasthaus, trat ein und schaute sich um.

Der Gastraum war einfach, aber modern und sauber und etwa zur Hälfte mit Pilgern besetzt. An einem der hölzernen Tische nahm er Platz und bestellte das Standardgericht: *Plato del Pelegrino* – den Pilgerteller. Während er wartete, ließ er seinen Blick durch das Lokal schweifen und entdeckte zwei Tische weiter den älteren Herren, der ihm den blöden Spruch zugeworfen hatte. Ihre Blicke trafen sich, und der Mann nickte ihm freundlich zu, woraufhin Dennis den Gruß erwiderte.

In diesem Moment lief die Kellnerin mit einem Tablett an dem Älteren vorbei und stolperte plötzlich, woraufhin ein Satz Besteck von ihrem Tablett herunterfiel. Gerade wollte sie das Tablett auf dem Tisch des Alten abstellen, um das Besteck aufzuheben, als der aufstand und sich anschickte, sich danach zu bücken.

„Nein, nein, lassen Sie!“, sagte sie auf Englisch, worauf der ältere Herr in derselben Sprache erwiderte:

„Ist doch keine große Sache. Ich helfe gerne!“

Er bückte sich und reichte dann der Kellnerin das Besteck, was dieser offensichtlich unangenehm war, denn sie bedankte sich verlegen und überschwänglich. Er bat um die Rechnung, und nachdem er kurze Zeit später bezahlt hatte, verließ er das Lokal. Dann brachte sie Dennis` Essen: Schweinesteak und eine Hühnerkeule mit Pommes und Salatbeilage, und ihm kam es so vor, als hätte er nie etwas so Köstliches gegessen. Erstens war das Gericht tatsächlich anständig zubereitet, vor allem aber hatte er nach dem strapaziösen Wandertag einen enormen Appetit.

Nachdem er fertig gegessen hatte, blieb er noch eine Weile lang sitzen. Obwohl sein ganzer Körper schmerzte, durchdrang ihn ein Gefühl von tiefer Zufriedenheit. Er hatte die erste Etappe erfolgreich absolviert und sah der weiteren Wanderung mit einem optimistischen Gefühl entgegen.

Es war noch recht früh am Abend, als er zum Kloster zurückkehrte. Ihm war danach, sich zeitig schlafen zu legen, denn sein Körper brauchte dringend Erholung. Im Schlafsaal traf er erneut auf den älteren Herrn. Der hatte es sich bereits im Bett gemütlich gemacht und las in einem Buch. Sie begrüßten sich und tauschten sich kurz darüber aus, wie gut das Essen im Restaurant gewesen war, dann nahm auch Dennis sich ein Buch aus dem Rucksack und tat es dem Älteren gleich.

Eine Weile lang blieb er noch wach und dachte über diese Begegnung nach. Der Mann hatte eine Persönlichkeitswirkung, die ihn auf außergewöhnliche

Weise beeindruckte und seine Neugier anstachelte. Er strahlte eine natürliche Autorität und Souveränität aus, dabei aber ohne einschüchternd zu wirken. Im Gegenteil: Ihm war zugleich eine ausgesprochene Freundlichkeit und Herzlichkeit eigen. Dennis dachte daran, wie der Mann sich im Restaurant für die Kellnerin gebückt hatte, und dass das seiner tadellosen, ein wenig verschmitzten Würde keinerlei Abbruch getan hatte.

Es ging fraglos etwas Besonderes von diesem Mann aus, und Dennis dachte, dass es interessant wäre, ihn näher kennenzulernen. Vorläufig wusste er noch nicht einmal seinen Namen. Aber das würde sich ja vielleicht bald ändern.

Nach einer Weile wurden seine Augenlider schwer und er fiel in tiefen Schlaf.

2

Als Dennis am nächsten Morgen erwachte, stellte er fest, dass seine Schmerzen am ganzen Körper wundersamerweise so gut wie verflogen waren. Und so fühlte er sich frisch und gut erholt. Offenbar hatte er ziemlich lange geschlafen, denn die Mehrzahl der Herbergsgäste war bereits aufgebrochen, so auch der ältere Herr. Wie schade, dachte Dennis, und nach einem herzhaften Frühstück machte auch er sich auf den Weg und marschierte westwärts in Richtung des nächsten Etappenziels, einem Dorf mit dem Namen Zubiri.

Auch diese Strecke war nicht ohne, es gab einige unangenehme Steigungen, aber im Vergleich zum Vortag waren diese gut zu bewältigen, und so konnte sich Dennis ganz dem Genuss der hübschen Landschaft hingeben. Sonnenbeschienene Hügel und sanfte Berge lagen da wie gemalt und taten der Seele gut. Er kam vorbei an Pferdekoppeln, plätschernden Bächen, Bauernhöfen und urigen Dörfchen, durchquerte verwunschene Wälder, in denen goldenes Sonnenlicht durch das Blätterwerk brach, bis er schließlich in Zubiri anlangte.

Dazu ging es über eine alte gotische Ziegelsteinbrücke, die den erfrischend unprätentiösen Namen *Puente de la Rabia* trug, zu Deutsch: *Brücke der Tollwut*. Sie spannte sich mit zwei Bögen eindrucksvoll über das rauschende Flüsschen Rio Arga. Ansonsten erwies sich Zubiri als ein weitgehend moderner, ziemlich nichtssagender Ort. Spontan beschloss er, dieses Mal ein Zimmer in einer Pension zu nehmen, statt wieder in einer Pilgerherberge zu übernachten. Ihm war nach einem kleinen bisschen mehr Komfort, und so fand er ein schlichtes, aber anständiges Zimmer in einer sauberen, modern eingerichteten Pension.

Am folgenden Tag ging es weiter in Richtung Pamplona. Abgesehen von der einen oder anderen weniger schönen Industrieanlage, die er passierte, war auch dieser Streckenabschnitt geprägt von idyllischen Natureindrücken, pittoresken Dörfchen, Viehweiden und wildwüchsigen Wäldern.

Als Dennis kurz vor Pamplona auf eine märchenhaft anmutende, uralte steinerne Brücke zulief, bemerkte er, dass da der ältere Herr stand und seinen Blick über das Flüsschen schweifen ließ, das unter der Brücke entlang plätscherte. Er freute sich über die Gelegenheit, mit dem Alten ins Gespräch zu kommen, und so stellte er sich neben ihn ans Geländer und wünsche ihm einen guten Tag.

Der Mann grüßte mit herzlichem Lächeln zurück und sagte:

„Wie nett, Sie wiederzusehen. Hatten Sie denn eine gute Wanderung bis hier?"

„Ja, großartig! Diese Gegend ist schön wie ein Märchenland."

„Da kann ich Ihnen nur zustimmen. Ich liebe den Jakobsweg, und deswegen bin ich ihn im Laufe meines Lebens auch mehrfach gelaufen."

„Tatsächlich? Wie oft, wenn ich fragen darf?"

„Jetzt das vierte Mal. Tatsächlich ist es so, dass dieser Weg eine wundersam wohltuende und heilsame Wirkung auf mich hat. Und immer kehre ich wie ein neuer Mensch zurück nach Hause. Ich kann sogar sagen, dass ich manches Mal eine entscheidende Wendung in meinem Leben vollzogen habe, nachdem ich den Weg gegangen bin."

Dennis nickte beeindruckt. Es lag ihm auf der Zunge, ihn zu fragen, was das für Wendungen waren, aber das erschien ihm unpassend, da sie sich ja eben erst kennengelernt hatten.

„Übrigens haben wir uns noch gar nicht vorgestellt", sagte Dennis und nannte seinen Namen.

„Ich freue mich sehr, Ihre Bekanntschaft zu machen“, erwiderte der Ältere. „Mein Name ist André Nollendorf.“

Dennis stutzte:

„Moment mal kurz. André Nollendorf? So wie der Milliardär?“

„Ja“, lachte der Gefragte, „genauso wie der. Oder besser gesagt: Ich bin es höchstpersönlich.“

„Sie wollen mich hochnehmen, oder?“

„Keineswegs! Ich bin es leibhaftig.“

„Ach kommen sie! Sie würden doch niemals in so einer primitiven Pilgerherberge übernachten, wenn Sie so viel Geld hätten!“

„Lassen Sie sich davon mal nicht täuschen. Ich habe es mir seit meiner ersten Pilgerreise zum Prinzip gemacht, den Weg auf die schlichte Art zu gehen, so wie es sich für einen Pilger ziemt. Ich finde es wichtig, nie zu vergessen, wo ich herkomme, und immer mit den Füßen auf dem Boden zu bleiben.“

Noch immer wusste Dennis nicht so recht, ob er ihm glauben sollte. Der Name André Nollendorf war zwar mehr oder weniger allgemein bekannt, aber wie der Mann aussah, davon hatte Dennis keine Ahnung. Nollendorf war keiner dieser Geldsäcke, die ständig ihr Gesicht in Kameras hielten und sich wie Popstars feiern ließen. Dennis schwankte zwischen Einschüchterung, Bewunderung und der beschämenden Befürchtung, naiv genug zu sein, um einem verrückten alten Mann ein Seemannsgarn abzukaufen. Daher sagte er:

„Wenn es tatsächlich so wäre, wie Sie sagen, dann wäre ich jetzt ziemlich beeindruckt. Aber ich kann mir nicht helfen. Ich werde das Gefühl nicht los, dass Sie mich auf den Arm nehmen."

„Gut, von mir aus. Warum googeln Sie mich nicht einfach?"

„Genau das werde ich jetzt machen!"

Daraufhin zückte Dennis sein Handy, googelte, und tatsächlich fand er eine ganze Reihe Einträge mit dem Milliardär André Nollendorf, und schließlich auch welche mit Bildern, die eindeutig den Mann zeigten, der gerade vor ihm stand.

„Ich werd bekloppt!", sagte Dennis, „das muss ich erst mal verarbeiten..." Er spürte, wie er ganz aufgeregt wurde.

„Kein Grund nervös zu werden!", erwiderte Nollendorf. „Ich bin auch nur ein ganz normaler Mensch."

Dennis sah ihn sprachlos an. Anscheinend wollte der Milliardär die verlegene Situation auflockern, denn er sagte fröhlich:

„Wollen Sie nicht eine Tasse Kaffee mit mir trinken?, fragte der Ältere. „Wir sind so gut wie in Pamplonas Altstadt, und da gibt es traumhaft schöne Gässchen, in denen man wunderbar sitzen kann."

„Sehr gerne", sagte Dennis, der immer noch eingeschüchtert war. Sie gingen weiter und kamen bald darauf zum Stadttor von Pamplona, dem *Puerte de Francia*, zu Deutsch: *Frankreichtor*, wie Nollendorf erklärte. Dabei handelte es sich um ein massives Portal mit Bogenstruktur aus Stein. Es bestand aus einer zentralen Durchfahrt für den Verkehr und zwei kleineren seitlichen Durchgängen für Fußgänger.

„Das Tor ist ein architektonisches Schmuckstück", sagte Nollendorf, „und spiegelt den kulturellen Reichtum von Pamplona wider. Historisch war es der Zugang zur Stadt für Reisende aus Frankreich. Daher der Name. Übrigens ist es über 500 Jahre alt."

Kaum hatten sie die *Puerta de Francia* hinter sich gelassen, tauchten sie ein in das historische Ambiente der Altstadt von Pamplona. Die engen, gepflasterten Straßen waren gesäumt von traditionellen Gebäuden mit ihren charakteristischen Balkonen und Fensterläden. Sie hatten die Wahl aus einer Vielzahl von Cafés, Restaurants und Tapas-Bars, entschieden sich aber, zuvor noch ein wenig durch die Gassen zu streifen. Bald erreichten sie die *Plaza del Castillo,* den zentralen Platz von Pamplona, der umrahmt war von eleganten Bauten mit klassizistischen Fassaden.

Nachdem sie auch der prächtigen gotischen Kathedrale *Santa María de Pamplona* einen kurzen Besuch abgestattet hatten, ließen sie sich in einem netten Café in einem Sträßchen abseits der Touristenströme nieder und bestellten Cafe con Leche, spanischen Espresso mit Milch.

„Es gibt doch nichts Schöneres", sagte der Ältere, „als in angenehmer Gesellschaft an einem schönen Plätzchen zu sitzen, zu plaudern und den lieben Gott einen guten Mann sein zu lassen. Mehr braucht man im Leben nicht."

„Sie sind tatsächlich ein ziemlich bescheidener Mensch, oder?"

„Ja. Das bin ich in der Tat. Glauben Sie mir, man braucht wirklich keine Milliarden, um es sich gut gehen zu lassen."

„Aber schaden können Sie auch nicht, oder?"

„Ich würde sagen: Es kommt darauf an."

„Worauf?"

„Darauf, wie anfällig man dafür ist, sich von Geld korrumpieren zu lassen."

„Darf ich Sie mal etwas fragen?"

„Natürlich!"

„Tut mir leid, diese Frage brennt mir die ganze Zeit schon auf den Nägeln."

„Also?"

„Was ist das Geheimnis Ihres phänomenalen Erfolges?"

Nollendorf lachte und gab zurück:

„Das ist die Frage, die mir mit Abstand am häufigsten gestellt wird."

„Okay, das kann ich mir vorstellen."

Dennis war es peinlich, dass er eine so dümmliche Frage gestellt hatte.

„Und ich gebe darauf immer dieselbe Antwort: 80 Prozent Glück, zehn Prozent guter Umgang mit den Mitmenschen, und zehn Prozent positive Grundeinstellung."

„Hmm", machte Dennis.

„Enttäuscht Sie die Antwort?"

„Ein bisschen vielleicht schon. Vor allem, dass es so viel Glück sein soll. Das kann ich mir irgendwie nicht so richtig vorstellen."

„Gut, lassen Sie es mich präzisieren: Ich hatte das Glück, einige gute Gelegenheiten zu haben. Aber natürlich hatte ich auch meinen eigenen Anteil daran. Es ist auch entscheidend, diese guten Gelegenheiten überhaupt zu erkennen, und dann kluge Entscheidungen zu treffen. Insofern gebe ich Ihnen Recht, dass es nicht *nur* Glück war."

Dennis nickte nachdenklich, während der Kellner ihren Kaffee brachte.

„Aber wissen Sie", fuhr der Milliardär fort, „die entscheidende Frage ist doch: Was genau versteht man unter Erfolg? Ich kenne Leute mit wahnsinnig viel Geld – und sie sind unglücklich. Ihr Leben ist leer, und es fehlt an dem, was wirklich wichtig ist: Liebe, Freundschaft, Familie. Ist das Erfolg?"

„Aber Sie wollen doch nicht bestreiten, dass Geld eine Menge Spaß und Freude bringen kann. Und Sicherheit."

„Sicherheit? Nun, es ist keineswegs so, dass wohlhabende Leute keine Sorgen haben. Sie haben ganz einfach nur *andere* Sorgen. Viele Wohlhabende leben in ständiger Angst, dass bei ihnen eingebrochen wird, dass ihre Kinder entführt werden oder sie alles verlieren bei einem missglückten Geschäft oder einem Börsencrash."

„Okay, das leuchtet mir ein."

„Und Spaß und Freude? Auch dabei kommt es ganz darauf an, was Sie darunter verstehen. Wenn Spaß für Sie bedeutet, auf einer Yacht herumzulungern, Champagner zu schlürfen und sich mit unvollständig bekleideten Blondinen zu amüsieren, die es nur auf Ihr

Geld abgesehen haben – touché! Dann ist viel Geld durchaus nützlich. Aber ich wage die Behauptung, dass Spaß – oder sagen wir: Lebensglück – etwas ganz anderes ist. Ein Bekannter von mir hat genau diese Art von Leben geführt – bis er sich mit Ende vierzig aufgehängt hat – vor lauter Verdruss über die sinnlose Leere in seinem luxuriösen Leben."

„Wirklich?"

„Eine wahre Geschichte."

„Traurig..."

„Ja... Klar mache ich gerne Reisen. Aber das muss nicht zwangsläufig die Luxusreise mit der Yacht oder dem Privatjet sein. Und glauben Sie mir: Diese ganzen Millionäre, die sich in ihren Luxus-Urlaubsclubs herumtreiben, können einem ganz schön auf die Nerven gehen. Da verpasst man nicht viel. Einer hohler und oberflächlicher als der andere."

„Was ist mit einer Villa? Einem schicken Auto?"

„Brauche ich alles nicht. Ich lebe mit meiner Frau in einem ganz normalen Einfamilienhaus mit Garten – immerhin mit eigener regenerativer Stromversorgung – und fahre seit acht Jahren denselben Mittelklasse-Volvo."

„Ernsthaft?"

„Ja. Mehr brauchen wir nicht. Allerdings wird mein nächster Wagen ein kleines E-Auto."

„Was stellen Sie aber dann an mit den Milliarden?"

„Den allergrößten Teil habe ich in eine Stiftung überführt, mit der ich gemeinnützige Initiativen und internationale Hilfsprojekte unterstütze."

„Wow..."

„Also, wenn Sie nach Erfolg fragen, würde ich sagen: Ich bin erfolgreich, weil ich eine tolle Familie habe, weil ich meine Zeit mit Dingen verbringe, die mich erfüllen und weil ich bedürftigen Menschen helfen kann. Was ich habe, ist ein *erfülltes* Leben – und genau darin besteht mein größter Erfolg. Ein solches Leben kann man *mit* Milliarden haben – aber ebenso gut auch *ohne*."

Dennis wusste nicht recht, was er darauf sagen sollte und schwieg.

„Übrigens sind das alles Erkenntnisse, die ich auf meinen Pilgerreisen auf dem Jakobsweg gewonnen habe."

Während Nollendorf schweigend an seinem Kaffee nippte, ließ Dennis dessen Worte nachwirken. Er war selten so durch und durch verblüfft gewesen. Bevor er weitere Fragen stellen konnte, begann der Milliardär wieder zu plaudern, schwelgte in Erinnerungen an frühere Wanderungen auf dem Jakobsweg, und so kamen sie vom Thema wieder ab. Vermutlich war der Alte es leid, wieder und wieder diese Frage beantworten zu sollen, und daher insistierte Dennis auch nicht weiter.

Nachdem sie eine Weile gesessen hatten, sagte Nollendorf, dass er fürs Abendessen eine Verabredung hätte mit einem alten Bekannten, den er auf einer früheren Pilgertour in Pamplona kennengelernt hatte, und daher wäre es jetzt Zeit, sich vorerst zu verabschieden.

„Aber wir werden uns bestimmt in den nächsten Tagen wieder über den Weg laufen. Ich habe mich sehr gefreut Sie kennenzulernen, und freue mich auf ein baldiges Wiedersehen."

Nachdem der Alte die Rechnung bezahlt hatte, standen sie auf, wünschten sich eine gute weitere Pilgerreise und gingen dann auseinander.

Für die Nacht quartierte sich Dennis wieder in einer Pension ein statt in der Pilgerherberge. Mochte Nollendorf mit seiner Anspruchslosigkeit noch so vorbildlich sein: Dennis gönnte sich lieber ein Mindestmaß an Komfort.

3

Nachdem er in einem kleinen Restaurant zu Abend gegessen und sich dann zeitig ins Bett gelegt hatte, lag er eine ganze Weile lang wach und dachte über diesen denkwürdigen Tag nach. Was für eine ungewöhnliche, ja unwahrscheinliche Begegnung! Dennis wurde sich bewusst, was für ein großes Glück er gehabt hatte, diesem außergewöhnlichen Menschen über den Weg zu laufen und mit ihm ins Gespräch zu kommen.

Wenn er es recht bedachte, dann hatte Nollendorf im Grunde nichts wirklich Neues gesagt. Dass Geld allein nicht glücklich macht, hatte Dennis auch schon vorher gehört. Und dass es im Leben vor allen Dingen auf Freundschaft, Familie und Liebe ankam, auch das war ihm nicht neu. Und doch machte es einen riesigen Unterschied, ob er solche Weisheiten aus dem Munde eines armen Schluckers hörte oder aber von einem der reichsten Männer Deutschlands. Da hatten diese Worte plötzlich ein ganz anderes Gewicht und echte Tragweite. Und anscheinend hatte er beides erlebt: Armut *und* Reichtum.

Bestimmt hatte Nollendorf noch eine ganze Menge bedeutsame und inspirierende Dinge zu sagen, und jetzt ärgerte sich Dennis, dass er nicht mit ihm Handynummern ausgetauscht hatte. Aber dann sagte er sich: *Wir werden uns bestimmt wieder über den Weg laufen, denn wir haben ja das gleiche Ziel.* Eine ganze Weile lag er noch wach, bis er schließlich in sanften Schlaf glitt.

Am nächsten Morgen war Dennis' Stimmung ziemlich bescheiden. Es hatte einen Wetterumschwung gegeben, und nun war der Himmel grau und regnerisch. Er überlegte, ob er nicht einfach in Pamplona bleiben und das schlechte Wetter abwarten sollte. Seine Wetter-App sagte unbeständiges Wetter voraus, und daher war nicht absehbar, wie lange der Regen dauern würde. Dann dachte er: Nollendorf würde sich von ein bisschen Regen bestimmt nicht davon abhalten lassen, weiter zu laufen. Und somit beschloss er, es ebenso zu halten.

Aber er sollte kein Glück haben. Denn noch bevor er die Stadtmauern hinter sich gelassen hatte, rutschte er auf dem nassen Kopfsteinpflaster aus, fing sich zwar ab und verhinderte einen schweren Sturz, aber er zerrte sich den Fuß, und so konnte er sich nur noch humpelnd vorwärts bewegen. Nach wenigen Schritten musste er einsehen, dass eine lange Wanderung heute ausgeschlossen war. Und so kehrte er um und checkte wieder in der Pension ein. Er legte sich aufs Bett und begann griesgrämig zu grübeln.

Dieses dämliche Missgeschick hatte nicht nur Schmerzen verursacht, sondern nun schwand auch seine Chance, noch einmal mit Nollendorf ins Gespräch zu kommen. Aber alles Grämen half nichts, er musste irgendwie diesen Tag herumbringen, und so lenkte er sich ab mit Lesen und hoffte, dass es seinem Fuß am nächsten Tag besser gehen würde.

Und tatsächlich hatten seine Fußschmerzen am folgenden Tag deutlich nachgelassen, und auch das Wetter war wieder freundlicher. Schon am frühen Vormittag war er wieder auf dem Jakobsweg unterwegs.

Die Wanderung führte ihn durch prächtige Landschaften und idyllische Dörfchen, vorbei an üppig blühenden Mohnfeldern, Kirchen, Kapellen und sogar zwei verfallenen alten Palästen. In den ersten Tagen hatte er noch die Hoffnung, dem denkwürdigen Milliardär über den Weg zu laufen, aber mit jedem Tag schwand diese Hoffnung. Und so beschloss er, sich nicht weiter mit den Gedanken daran selbst zu behelligen und sich stattdessen auf die traumhaft schöne Szenerie um ihn herum zu konzentrieren.

Es war am neunten Tag seiner Pilgerreise, als er eine Entdeckung machte, die ihn im Innersten berührte. Zwar hatte er davon schon gelesen, aber es mit eigenen Augen zu sehen, war dann doch noch einmal etwas ganz anderes. Es handelte sich um das berüchtigte Tal der Steinmännchen auf der Strecke zwischen Navarrete und Nájera in der Provinz Rioja, der Gegend, aus der die berühmten gleichnamigen spanischen Weine stammten.

Der Weg war gesäumt von zahllosen kleinen Türmchen aus übereinander gestapelten flachen Steinen, die im Laufe der Jahrhunderte von zahllosen Pilgerinnen und Pilgern errichtet worden waren und die mit etwas Phantasie an menschliche Figuren erinnerten. Es war nicht nur die schiere Vielzahl dieser kleinen Kunstwerke, die ihm den Atem verschlug. Vielmehr ging davon ein ganz besonderer, schwer zu beschreibender Zauber aus.

Dennis versuchte dahinter zu kommen, worin diese Magie bestand, und dachte: Jedes Jahr liefen Abertausende von Menschen aus der ganzen Welt diesen Weg entlang, und jeder Einzelne von ihnen tat dies mit einem ganz besonderen spirituellen Bewusstsein. Manche pilgerten aus religiösen Gründen, andere wiederum hatten wie er selbst den Alltagstrott verlassen, um in sich zu gehen und über das Leben nachzudenken. Was auch immer die Gründe waren: Alle diese Menschen verband der Wunsch, mit sich und der Welt – und vielleicht auch mit Gott – ins Reine zu kommen.

Wäre Dennis ein bisschen esoterisch angehaucht, hätte er vielleicht gesagt, dass dieses Tal ein Ort war, an dem sich all diese spirituelle Energie sammelte und verdichtete. Und die Steine wären Speicher dieser Energie. Dennis war weit davon entfernt, ernsthaft an spirituelle Energien und Ähnliches zu glauben. Und doch kam es ihm in diesem Moment so vor, als könne er so etwas wie eine solche Kraft spüren.

Wie auch immer: Dieser Ort löste etwas Besonderes in ihm aus und erzeugte eine besinnlich-inspirierte Stimmung. Und somit war dies für ihn ein magischer Ort.

Andächtig schritt Dennis den Weg entlang, schaute auf die Steinmännchen und versuchte sich vorzustellen, was für Menschen und Schicksale sich hinter jedem einzelnen dieser Türmchen verbergen mochten. Mit einem Mal bemerkte er jemanden, der gerade dabei war, ein neues Steinmännchen zu stapeln. Er schaute genauer hin: Es war Nollendorf!

Ein freudiger Schreck begleitete diese Entdeckung, und so ging Dennis zu ihm hinüber und begrüßte ihn herzlich.

„Einen wunderschönen guten Tag!", erwiderte der Angesprochene. „Das ist ja eine erfreuliche Überraschung, dass wir uns wiedersehen."

„Ja, geht mir auch so."

„Tatsächlich habe ich in den vergangenen Tagen oft an Sie gedacht", sagte Nollendorf, „und gehofft, dass wir uns wieder begegnen, denn ich fand unser Gespräch sehr anregend, und, wenn ich das sagen darf: Ich habe einen kleinen Anschlag auf Sie vor."

„Tatsächlich? Um was für einen Anschlag handelt es sich?"

„Darüber sprechen wir noch. Jetzt möchte ich erst mal mein kleines Kunstwerk hier vollenden. Sie sollten übrigens auch ein Steinmännchen aufstellen. Das bringt Glück."

„Klar, warum nicht?"

Dennis stapfte den Weg entlang und machte sogar einige Schritte in den Wald hinein, um Steine zu sammeln. Nach einer Weile hatte er eine Anzahl passender Findlinge beisammen und baute ein kleines Türmchen, direkt neben dem von Nollendorf.

„Wussten sie, dass es diese Steinmännchen überall auf der Welt gibt?", sagte dieser.

„Tatsächlich?"

„Ja. Meistens dienen sie als Wegmarken, aber in vielen Kulturen haben sie auch eine spirituelle oder religiöse Bedeutung. Oft dienen sie dazu, Schutzgeistern zu huldigen. Auf dem Jakobsweg ist es zur Tradition geworden, dass man diese Steinmännchen aufbaut, um sich damit symbolisch von einer Last zu befreien. Manche Leute nehmen einen Stein als Symbol für ihre Sorgen und Nöte von zu Hause mit, den sie dann hier ablegen, um sich davon loszumachen. Ein hübscher Brauch."

Daraufhin schwiegen die Männer, während Dennis nachdenklich die letzten beiden Steine auf sein Türmchen setzte. Nachdem sie noch eine Weile gestanden und ihre Kunstwerke betrachtet hatten, liefen sie gemeinsam weiter.

„Jedes Mal, wenn ich hier war, habe ich so ein Steinmännchen hinterlassen, und in der Tat habe ich jedes Mal eine Menge Ballast, Sorgen und Grübeleien hier gelassen und bin mit neuen Gedanken und neuer Energie nach Hause zurückgekehrt. Nennen Sie es von mir aus Aberglauben, aber bei mir hat es funktioniert. Und wenn das Steinmännchen auch nur ein

Symbol war für eine persönliche Entwicklung, die ich so oder so gemacht hätte."

„Ich finde das sehr interessant, was Sie da erzählen. Wenn es nicht so indiskret wäre, würde ich Sie am liebsten fragen, was für Entwicklungen das waren, von denen Sie sprechen."

„Sehen Sie, das ist das Lustige. Genau das ist es nämlich, worüber ich mit *Ihnen* sprechen wollte. Aber wollen wir nicht du sagen?"

„Sehr gerne! Ich bin Dennis."

„André."

Sie gaben sich herzlich die Hand.

„Was meinst du genau?", fragte der Jüngere dann, „worüber möchtest du mit mir sprechen?"

„Nun, ich habe viel nachgedacht über deine Frage nach dem Geheimnis meines Erfolges. Ich habe diese Frage immer entnervt abgetan. Aber jetzt bin ich in einem Abschnitt meines Lebens angekommen, wo ich tatsächlich über all diese Fragen intensiv nachdenke. Ich habe zu Hause zwei Töchter und vier Enkelkinder im Teenager-Alter, mit denen mich eine schöne und innige Beziehung verbindet. Natürlich haben wir oft über wichtige Fragen des Lebens gesprochen. Und ich hatte immer im Hinterkopf die Idee, meine Erfahrungen und Erkenntnisse eines Tages aufzuschreiben und diese Aufzeichnungen an meine Enkel weiterzugeben, damit sie auf die eine oder andere Art davon profitieren können. Jetzt, wo wir zwei über diese Dinge gesprochen haben, da habe ich den Beschluss gefasst, dieses Vorhaben endlich in die Tat umzusetzen."

„Wie schön!"

„Und deswegen hatte ich die Idee, dass es hilfreich wäre, mit dir über diese Themen zu sprechen. Das würde mir helfen, meine Gedanken zu sortieren, und deine Nachfragen würden mich bestimmt inspirieren, meine Ideen und Überlegungen weiterzuentwickeln und auf den Punkt zu bringen. Wenn es dir also nichts ausmachen würde, wäre es mir eine Freude, dir aus meinem Leben zu erzählen und meine Erfahrungen mit dir zu teilen."

Dennis blieb stehen. Mit offenem Mund sah er André an und sagte:

„Ich kann kaum sagen, wie sehr mich dieser Vorschlag ehrt! Ich fühle mich privilegiert, und natürlich nehme ich dieses unglaubliche Angebot dankbar an. Ehrlich gesagt war genau das meine Hoffnung, dass ich mit dir reden und von dir lernen kann."

„Na wunderbar. Dann sind wir im Geschäft!"

Lachend gingen die beiden weiter.

4

Während sie ihrem nächsten Etappenziel, dem Städtchen Nájera, entgegengingen, sagte André:

„Was war es tatsächlich, das mich zu dem gemacht hat, was ich heute bin? Ich meine natürlich abgesehen vom Faktor Glück. Was kann ich dir und meinen Enkeln konkret mit auf den Weg geben? Ich habe versucht, alle diese Gedanken und Ideen zu sortieren und bin auf eine Anzahl von einfachen Grundsätzen gekommen. Zu Grundsätzen, die leicht zu verstehen und zu merken sind, und die jeder Mensch im Leben verwirklichen kann."

„Das hört sich vielversprechend an."

„Und nach reiflicher Überlegung bin ich auf sechs solche Prinzipien gestoßen, die ich für hilfreich halte, wenn man im Leben Erfolg finden will – und vor allem auch Erfüllung."

„Jetzt bin ich wirklich neugierig. Was sind das für Prinzipien?"

„Das erzähle ich dir gerne, ganz der Reihe nach. Aber ich glaube, um das alles besser zu verstehen, wird es gut sein, wenn ich dir erst einmal in groben Zügen erzähle, wie mein Leben verlaufen ist, und was ich nach und nach für wegweisende Erkenntnisse gewonnen habe. Und auch, was für bedeutende Entscheidungen ich getroffen habe, die mein Leben in eine neue Richtung gelenkt haben. Denn das glaube ich inzwischen fest: Im Leben eines Menschen sind es gerade mal eine Handvoll Entscheidungen, die die Weichen dafür stellen, wohin es geht."

„Da ist bestimmt was Wahres dran."

„Also, wenn du magst, erzähle ich dir jetzt meine Lebensgeschichte – keine Angst, ich werde mich kurz fassen und mich aufs Wesentliche beschränken!"

Dennis lachte und sagte:

„Ich werde mich garantiert nicht langweilen. Schieß los!"

„Okay. Ich beginne mit dem ersten großen Schock meines Lebens. Das war der Moment, als mein Vater uns verlassen hat. Ich war sieben Jahre alt. Wir lebten damals noch in einem schönen Häuschen mit Garten, allerdings... ganz so idyllisch habe ich das nicht in Erinnerung, weil meine Eltern viel Streit hatten.

Schließlich kam es zu einer finalen Auseinandersetzung, nachdem mein Vater mit seinem Geschäft pleite gegangen war, und er hat sich aus dem Staub gemacht. Das Haus war bloß gemietet, und wir mussten ausziehen. Meine Mutter lebte von den schmalen Unterhaltszahlungen meines Vaters. Ihn habe ich nach der Trennung noch eine Handvoll Male getroffen, aber der Kontakt war bald komplett eingeschlafen. Und irgendwann hörte ich nur noch, dass er gestorben sei. Herzinfarkt."

„Wie traurig!"

„Ja... Wir waren drei Brüder, und das Geld reichte hinten und vorne nicht. Wir lebten fortan in einer kleinen Dreizimmerwohnung, und wir Kinder mussten uns ein Zimmer teilen. Du kannst dir vorstellen, wie das ablief. Es gab ständig Streit, und es herrschte einen permanenter Konkurrenzkampf. Allerdings waren es eher meine älteren Brüder, die sich in den Haaren hatten. Ich war damals schon ruhiger und entspannter und hielt mich meistens raus.

Unsere Kleidung kaufte unsere Mutter in Secondhand-Läden, und entsprechend erbärmlich waren wir angezogen. In der Schule fühlte ich mich wahnsinnig unwohl. Ich ging auf ein Gymnasium, und die meisten Mitschüler stammten aus bürgerlichen Familien, trugen meist teure Markenklamotten und erzählten von ihren tollen Sommerreisen, Skiurlauben und all den Ausflügen, die sie immer wieder an den Wochenenden gemacht hatten, während wir uns all diese Dinge nicht leisten konnten. In den Ferien blieben wir daheim, und als wir größer waren, mussten wir mit kleinen Nebenjobs Geld dazu verdienen und die Hälfte davon unserer Mutter abtreten.

Alles das nagte massiv an meinem Selbstwertgefühl, und mit der Zeit reifte in mir der Entschluss, nach der Schule dafür zu sorgen, dass ich nie wieder unter solcher Armut leiden sollte. Ich wollte gut verdienen und so leben wie meine Klassenkameraden. Dieser Wunsch trieb mich an, und deswegen war ich ein ziemlich guter Schüler. Denn mir war klar: Ich kann nur dann einen lukrativen Beruf finden, wenn ich eine gute Schulausbildung habe. Ich machte ein anständiges Abitur und begann Jura zu studieren. Das hatte vor allen Dingen meine Mutter mir immer ans Herz gelegt, denn in diesem Bereich lässt sich natürlich eine ganze Menge Geld verdienen, wenn man es richtig anstellt.

Ich begann also zu studieren, lebte von Bafög und verdiente mir nebenher ein paar Mark dazu, sodass ich mir eine kleine Studentenbude leisten konnte und mein Lebensstandard tatsächlich ein bisschen besser war als in meiner Kindheit. Meine Jobs wechselten immer wieder, bis ich als Aushilfe in einem Immobilienbüro anfing. Mein Chef dort war anscheinend ganz angetan von meinem Arbeitseifer und meinem Fleiß.

Zunächst erledigte ich nur einfache Bürotätigkeiten, später nahm er mich mit zu Hausbesichtigungen und ließ mich dabei zusehen, wie er Verkaufsgespräche mit Interessenten führte.

Auch wenn sich das verrückt anhört, aber ich fand das ungeheuer faszinierend. Allein schon ein leeres Haus zu begehen fand ich unbeschreiblich anregend und spannend. Dieses Gefühl, durch vollständig leere Räume zu laufen, die meistens frisch renoviert und herrlich einladend aussahen und in denen die Stimmen hallten, fand ich großartig. Und mir dann vorzustellen, wie man diese Räume einrichten, was man daraus machen könnte, wo man seine Lieblingsmöbel hinstellen würde und so weiter – ich weiß nicht, ob du das nachvollziehen kannst, aber mir hat das wahnsinnig großen Spaß gemacht."

„Doch doch, das kann ich gut nachvollziehen. Ich gucke auch gerne diese Dokus im Fernsehen, wo Leute Immobilien mieten oder kaufen wollen."

„Du wirst lachen", erwiderte André, „aber selbst ich gucke mir das heute noch ab und zu ganz gerne an. Wie auch immer: Ich beobachtete meinen Chef dabei, wie er Verkaufsgespräche führte und war enorm beeindruckt davon, wie er das machte. Er hatte eine wahnsinnig charmante und gewinnende Art und wirkte ganz und gar nicht wie ein schmieriger Immobilienmakler, der einem etwas aufschwatzen will, sondern im Gegenteil: Er machte den Eindruck, dass er äußerst kompetent war und entschlossen, im Interesse der Kunden die bestmögliche Immobilie zu finden, um diese Menschen schlicht und ergreifend glücklich zu machen. Und so war es auch. Er war Verkäufer aus Leidenschaft – und damit bemerkenswert erfolgreich.

Eines Tages sagte er zu mir, dass er in mir großes Potenzial sehe, und dass er mich gerne aufbauen würde zum Makler, sodass ich ihn entlasten und auch mal ohne ihn Hausbesichtigungen und Verkaufsgespräche durchführen könne. Ich war begeistert, und so brachte er mir eine Menge von dem bei, was er wusste. Nach einer Weile begann ich, auf eigene Faust zu arbeiten, und tatsächlich gelang es mir bald, Verkäufe abzuschließen.

So kam es, dass er mir eines Tages das Angebot machte, in Vollzeit für ihn zu arbeiten, und zwar mit Festgehalt plus Provision, sodass tatsächlich eine ganze Menge Geld winkte. Dieses Angebot war toll, aber es hätte bedeutet, dass ich mein Studium hätte an den Nagel hängen müssen. Und das war natürlich eine schwerwiegende Entscheidung, die ich zu treffen hatte. Meine Mutter riet mir dringend davon ab und sagte, ich solle nicht vom eingeschlagenen Weg abweichen und lieber das Studium abschließen. Schließlich sei Immobilienmakler kein anständiger Beruf, während man als Anwalt oder Richter hohes Ansehen hätte.

Ich überlege hin und her und wusste nicht, was ich tun sollte. Ich hatte das Gefühl verrückt zu werden. In jener Phase fiel mir ein Zeitungsartikel über den Jakobsweg in die Finger, in dem ich las, dass dieser Weg seit Jahrhunderten für viele Menschen eine Möglichkeit war, sich zu sortieren, wenn man nicht mehr weiter wusste. Ich hatte das Gefühl, dass dieser Artikel gerade im richtigen Moment in mein Leben gefallen war. Das führte schließlich dazu, dass ich meine erste Pilgerreise auf dem Jakobsweg machte. Ich bat meinen Chef wegen seines Angebots um Bedenkzeit, und dann machte ich mich in den Semesterferien auf die Socken und nutzte die Wanderung zum Nachdenken.

Unterwegs traf ich einen interessanten Weggefährten, mit dem ich über meine komplizierte Situation sprach, und er gab mir einen Rat, der für mich wegweisend sein sollte."

„Was war das für ein Rat?"

„Er nannte mir eine einfache, aber raffinierte Methode, um kluge Entscheidungen zu treffen."

„Was für eine Methode?"

„Das erzähle ich dir gerne ausführlich im Zusammenhang mit meinen Prinzipien."

„Okay... Und wie hast du dich entschieden?"

„Ich entschied mich für meinen Chef. Denn da hatte ich eine Tätigkeit, die mir wirklich Freude machte und die mir zugleich gute Perspektiven bot. Natürlich ist Immobilienmakler nicht gerade der angesehenste Beruf. Aber ich frage dich: Ist der Ruf von Anwälten so viel besser?"

„Nicht wirklich."

„Eben. Wie auch immer: Ich hatte meine Entscheidung getroffen, und es war eine gute Entscheidung gewesen, denn nun ging es aufwärts. Ich machte Geld in einer Menge, wie ich es mir zuvor niemals hätte träumen lassen. Meine Verkaufserfolge konnten sich durchaus mit denen meines Chefs messen, und der wiederum war froh, dass er sich ein bisschen aus dem Geschäft zurückziehen konnte und so mehr Zeit für seine Familie hatte: Win-win.

Ich kaufte mir ein flottes Auto, natürlich ein Cabrio."

„Was für eins?“

„Immerhin einen Fiat Spider – wenn auch nur gebraucht.“

„Nett!“

„Ja, ich liebte den Wagen. Ich suchte mir eine schicke Wohnung und lebte durchaus nicht sparsam. Ich arbeitete viel und ließ es mir ansonsten gut gehen. An den Wochenenden ging ich mit meinen Freunden aus, und der Sekt floss in Strömen. Für Champagner reichte es noch nicht, aber gefeiert haben wir trotzdem ordentlich.

Auch was mein Liebesleben betraf, konnte ich mich nicht beklagen. Immer wieder hatte ich hübsche Mädchen zur Hand, und ich konnte ihnen etwas bieten. Es war eine tolle Zeit. Zumindest oberflächlich betrachtet. Die ersten Jahre genoss ich nach allen Regeln der Kunst, aber wirklich zufrieden war ich in dieser Zeit nicht. Ich lebte energetisch über meine Verhältnisse, arbeitete zu viel, feierte zu viel, war immer irgendwie übermüdet, und die Gier nach Geld machte mich zunehmend gestresst. Alles drehte sich darum, noch mehr Abschlüsse zu machen, noch mehr Geld zu verdienen, damit ich mir irgendwann auch Champagner leisten konnte.

Und abgesehen davon hatte ich große Träume: Ich wollte eine Villa, ich wollte einen Bentley und ich wollte meinen Privatflugschein machen und mein eigenes Flugzeug besitzen. Natürlich war mir klar, dass ich diese Ziele in dieser Position nicht erreichen konnte. Trotzdem spornten sie mich an, denn ich sagte mir: Ich arbeite jetzt hart, bis ich so viel Kapital habe, dass ich meine eigene Firma aufmachen kann, und dann verdiene ich *richtig* Geld, bis ich meine zehn Millionen habe. Dann würde ich meine Wünsche erfüllen und den Job machen, von dem ich eigentlich träumte."

„Welchen?"

„Privatier!", lachte André. „Also von den Zinsen meines Kapitals leben und mich komplett ins Privatleben zurückziehen."

„Ja, das ist allerdings wirklich ein Traumjob."

„Eines Tages eröffnete ich also mein eigenes Immobilienbüro, war mein eigener Chef, und schon bald konnte ich mit Hilfe meiner Angestellten meine Einkünfte immer weiter erhöhen. Ich kam meinem großen Traum immer näher, und je näher ich ihm kam, desto mehr Stress machte ich mir, desto weniger schlief ich, desto mehr hetzte ich durchs Leben.

Adrenalin, Alkohol und gelegentlich auch Kokain waren der Treibstoff meiner Existenz. Wie du dir vielleicht vorstellen kannst, konnte das auf die Dauer nicht gut gehen. Und ging es auch nicht. Eines Tages brach ich zusammen, einfach so. Ich war bei einer Hausbesichtigung, und mitten im Gespräch mit meinen Kunden wurde mir schwarz vor Augen: Rettungswagen, Krankenhaus, Psychiatrie. Nichts ging mehr. Mein Körper hatte die Notbremse gezogen."

„Au weia."

„Zum Glück konnte mein Büro dank meiner Angestellten weiterlaufen, und so hatte ich die Chance, mich auszukurieren. In den Wochen in der Psychiatrie wurde mir klar, dass ich mein Leben überdenken musste, und so kam ich schließlich zu dem Entschluss, ein weiteres Mal nach Saint-Jean-Pied-de-Port zu fahren und noch einmal den Jakobsweg zu laufen. Dieses Mal nahm ich einen Stein mit, den ich vor meinem Büro gefunden hatte, und ich legte ihn ab – du weißt schon wo.

Auf dieser Pilgertour kam mir die Erkenntnis, dass ich grundsätzliche Dinge ändern musste in meinem Leben. Ich beschloss, nicht mehr mit dieser gehetzten Gier an die Arbeit heranzugehen, sondern, wie man heutzutage sagt, zu entschleunigen. Ich beschloss auch das Feiern bleiben zu lassen, die Finger vom Sekt und vom Kokain zu lassen und auch die belanglosen Affären mit Frauen an den Nagel zu hängen. Es war Zeit, Ordnung und Struktur in mein Leben zu bringen, und eine feste, beständige und konstruktive Beziehung zu einer Frau aufzubauen.

Als ich zurückkehrte, hatte ich festgestellt, dass meine Angestellten ihren Job anständig gemacht hatten. Das Geschäft war weiterhin gut gelaufen, und so fand ich Vertrauen und beschloss, es meinem früheren Chef gleich zu tun, mehr Arbeit an meine Mitarbeiter zu delegieren und mich aus dem Tagesgeschäft ein wenig zurückzuziehen.

Auch dies war eine wichtige Entscheidung. Ich kenne eine ganze Menge Unternehmer und Manager, die diese Fähigkeit nicht besitzen: die Fähigkeit, Mitarbeitern zu vertrauen, Kontrolle abzugeben und wichtige Arbeiten zu delegieren. Sie meinen, alles selbst in der Hand behalten zu müssen, und dadurch erzeugen sie sich selbst enormen Stress, mit dem Ergebnis, dass sie auf Kosten ihrer eigenen Gesundheit leben. Und letztlich ist das auch nicht gut fürs Geschäft.

Ich lernte also, dass Delegieren etwas Gutes war, und ich investierte Energie in die Ausbildung meiner Mitarbeiter. Ich brachte ihnen so viel über die Kunst des Verkaufens bei, wie ich konnte, und erkannte bald, dass das Früchte trug. In mein Leben kehrte Ruhe und Ordnung ein. Ich nahm mir jetzt Zeit für sinnvolle Freizeitbeschäftigungen, lernte meine Frau kennen, und obwohl ich nun weniger Stress hatte als zuvor, hatte ich sogar bessere Einnahmen.

Wir kauften ein Haus, heirateten und bekamen unsere beiden Töchter. Wir waren eine glückliche Familie."

„Klingt doch wie ein Happy End für eine schwierige Geschichte."

„Schwierige Geschichte ja, Happy End nein. Denn es ging ja weiter. Ich hatte vor allen Dingen durch meine Kunden viel Kontakt zu ziemlich wohlhabenden Leuten. Leute, die mit Jaguar, Porsche oder Maybach vorfuhren, um sich Luxusimmobilien anzuschauen. Denn die vermittelte ich in zunehmendem Maße. Im Vergleich dazu kam ich mir immer wie ein armer Schlucker vor. Ich meine, ich hätte glücklich und zufrieden sein können. Ich hatte ein Haus, eine Familie, ein gut laufendes Geschäft. Aber ich war nicht zufrieden. Wie ich später im Rahmen meiner Therapie erkannte, war ich zutiefst neidisch auf diese ganzen Millionäre, genauso wie ich neidisch gewesen war auf meine Klassenkameraden, die alle mehr Geld gehabt hatten als ich. Ich fühlte mich zurückversetzt in jene Zeit, in der mein Selbstwertgefühl im Staub lag.

Der Wunsch, mehr Geld zu machen, brach sich erneut Bahn in meinem Inneren. Und so kam mir die Idee, dass ich mein Geschäftsprinzip ausweiten könnte. So wie ich die Mitarbeiter in meinem eigenen Büro gründlich ausbildete, so konnte ich auch Mitarbeiter in anderen Büros in anderen Städten ausbilden. Und dann entschied ich mich schließlich zu expandieren und bautet nach und nach in weiteren Städten Filialen auf."

„Wow, Respekt."

„Du kannst dir vorstellen, worauf das hinaus lief: Ich war wieder in der Mühle gefangen, in der ich zu viel arbeitete und mein Leben in Schieflage geriet. Ich vernachlässigte meine Gesundheit, meine Familie, alles, was wirklich wichtig war, aber davon merkte ich nichts. Für mich fühlte es sich so an, als würde ich auf der Erfolgswelle surfen, denn immerhin verbrachte ich meine Zeit damit, das Geld in Schubkarren nach Hause zu fahren. Ich machte ein obszönes Geld.

Natürlich konnte das nicht konfliktfrei vor sich gehen. Meine Frau beklagte sich immer häufiger, dass wir kaum noch Zeit miteinander verbrachten und dass die Kinder ihren Vater vermissten. Ich erwiderte, dass dies nur eine Phase sei, und dass ich jetzt eine Zeitlang hart arbeiten würde, um dann hinterher die Ernte einzufahren. Doch dabei log ich mir in die eigene Tasche. Es war wie das Mantra eines Alkoholikers: Jetzt feiere ich noch ein bisschen, und danach höre ich auf. In Wahrheit war ich tatsächlich in einer Art

Sucht gefangen. Sucht nach Geld, Sucht nach Erfolg und Karriere.

Ich kaufte ein größeres und schickeres Haus, und wir zogen um. Natürlich musste ich auch ein schickeres Auto haben, zwar noch kein Bentley, aber immerhin eine S-Klasse. Und auch ansonsten ließ ich es ordentlich krachen. Es ist mir heute ein Rätsel, wie ich nicht bemerken konnte, was schief lief.

Natürlich waren meine Töchter beeindruckt von all dem Luxus, in dem wir schwelgten. Aber wirklich glücklich waren sie nicht. Sie hätten lieber Zeit mit ihrem Papa verbracht.

Eines Tages stellte meine Frau mir schließlich ein Ultimatum. Entweder würde ich im Job kürzer treten, oder sie würde gehen. Ich entgegnete ihr, dass ich jetzt nicht einfach aufhören könnte, und schließlich kam es, wie es kommen musste: Sie verließ mich – und nahm die Mädchen mit. Und das bedeutete für mich: der totale Zusammenbruch. Was folgte, kennst du schon: Klinik, Psychiatrie und danach: Jakobsweg.

Bei dieser dritten Pilgerreise wurde mir klar, dass ich mein Verhältnis zu Geld, Erfolg und Karriere noch einmal ganz grundsätzlich überdenken und verändern musste. Ich beschloss, eine Psychotherapie zu machen. Und in diesem Rahmen wurde mir klar, dass mein gieriges Streben nach noch mehr Geld und noch mehr Erfolg mich durch und durch krank gemacht und meine Familie zerstört hatte. Mir wurde klar, dass all diese Dinge wie die Villa, das Auto und all das für mich die Bedeutung hatten, mein fehlendes Selbstbewusstsein zu kompensieren. Ich glaubte, darin das zu finden, was mir in meiner Kindheit und auch in meinem weiteren Leben gefehlt hatte: das Gefühl wertvoll zu sein. Aber das fand ich mit all dem Erfolg und den Statussymbolen nicht – sondern hatte das glatte Gegenteil erreicht und das verloren, was am Wichtigsten war.

Ich entschied also, alles anders zu machen, nicht weiter zu expandieren und mein Unternehmen in der Größe zu belassen, in der es war. Ich ließ es laufen, und die Einkünfte, die es generierte, reichten, um davon in Ruhe zu leben. Also nahm ich eine Auszeit. Ein Jahr lang kümmerte ich mich um gar nichts als um mich selbst. Ich blieb in Kontakt mit den Geschäftsführern meiner Büros, hielt mich aber so weit wie möglich raus. Stattdessen machte ich weiter Therapie, las eine Menge und dachte viel über mich selber nach.

Nachdem ich ein Jahr auf diese Weise zugebracht hatte und mir über einiges klar geworden war, gelang es mir, meine Frau zurückzugewinnen, und wir kamen als Familie wieder zusammen, Gott sei Dank."

„Wieder ein Happy End!"

„Ja das stimmt. Aber, du ahnst es schon, die Geschichte ist immer noch nicht zu Ende."

„Was passierte dann?"

„Dann passierte etwas, das mein Leben noch einmal radikal veränderte. Es ergab sich eine vollkommen einmalige Gelegenheit, und für mich stand alles auf dem Prüfstand. Schließlich traf ich eine kluge Entscheidung, und diese Entscheidung machte mich letztlich zum Milliardär."

„Was genau ist passiert?"

„Du erinnerst dich sicherlich noch an das berühmte Platzen der sogenannten Dotcom-Blase im Jahr 2000, oder?"

„Hilf mir mal kurz auf die Sprünge."

„In den Neunzigerjahren gab es einen riesigen Hype um das Internet und die fortschreitende Computer-Technologie. Es gab in dieser Branche einen gewaltigen Boom, und bald sprach sich herum, dass man an den Aktienmärkten in diesem Bereich einen riesigen Haufen Geld verdienen konnte. Es entstand ein wahrer Goldrausch, und immer mehr Leute wollten dabei sein.

Ende der 90er war es schließlich soweit, dass wirklich jeder und jede – von der Putzfrau über den Frittenverkäufer bis hin zum Deutschlehrer – in Aktien investierte. Also Leute, die bis vor Kurzem nicht mal gewusst hatten, was eine Börse überhaupt ist. Und was passiert, wenn alle etwas haben wollen?"

„Sags mir."

„Die Preise steigen. Also, im Fall der Aktien eben die Kurse. Sie stiegen in atemberaubende Höhen und verließen jeglichen Bezug zur Realität. Kleine Softwarebuden waren plötzlich bewertet wie große Industriebetriebe. Auch ich war dabei. Ich hatte einen Gutteil meiner Einnahmen angelegt. Im Laufe der Jahre hatte ich mich viel mit Geldanlagen und Finanzmärkten beschäftigt, und mir war bald klar, dass da eine enorme Blase entstanden war. Es war offensichtlich, dass dieser Boom nicht ewig weitergehen konnte und dass es früher oder später zu einem gewaltigen Crash kommen musste."

„Hmm... Blase, Boom, Crash... das sagt mir alles irgendwie nichts. Kannst du mir das mal genauer erklären?"

„Klar. Allgemein kann man sagen: Die Kurse bewegen sich in Zyklen. So wie die Jahreszeiten. Nehmen wir an, die Wirtschaft läuft auf Hochtouren. Die Leute haben Geld, geben es gerne aus, und es gibt viele interessante Produkte zu kaufen. Das nennt man dann einen Boom. In den 20er Jahren waren zum Beispiel Autos der ganz neue Hit, und alle wollten eins haben. In den 50ern waren es Haushalts-Elektrogeräte wie Kühlschränke oder Waschmaschinen, später kam die Unterhaltungselektronik wie CD-Player, Walkman und so weiter. Und in den 90ern begann der Boom in der Computertechnologie.

Wenn die Kurse in so einer Boomphase gut steigen, spricht sich das schnell herum. Immer mehr Leute wollen dabei sein, und die steigende Nachfrage lässt auch die Kurse weiter steigen. Das nennt man in der Börsensprache dann einen Bullenmarkt oder auch eine Hausse. Eine Art positiver Teufelskreis entsteht, und es breitet sich Euphorie aus. Irgendwann beginnen die Kurse so weit zu steigen, dass sie den eigentlichen Wert der Unternehmen weit übertreffen. Damit beginnt die Phase der Übertreibung, und so entsteht die sogenannte Blase, wie bei einem Ballon, den du zu stark aufpustest, bis er platzt.

Durch irgendein äußeres Ereignis – zum Beispiel einen Krieg irgendwo in der Welt oder auch nur durch steigende Zinsen – beginnen irgendwann einige Investoren, zu verkaufen. Meist sind das professionelle und institutionelle Anleger, also die großen Finanzinstitute wie Versicherungs- oder Fondsgesellschaften. Und sobald mehr Leute verkaufen wollen als kaufen, fangen die Kurse an zu fallen. Damit beginnt eine Abwärtsspirale, weil die fallenden Kurse immer mehr Anleger dazu veranlassen zu verkaufen. Nun sind wir im sogenannten Bärenmarkt oder auch in der Baisse. Statt Euphorie breitet sich jetzt Panik aus, und die Kurse fallen immer weiter. Wenn die Kurse in kurzer Zeit sehr stark einbrechen, spricht man von einem Crash. Bald kommt es auch im Bullenmarkt zur Übertreibung, und dann sind die Aktien stark unterbewertet. So geht das weiter, bis irgendwann äußere Umstände dafür sorgen, dass sich wieder Optimismus breit macht, und der Zyklus beginnt von Neuem. Kannst du mir einigermaßen folgen?"

„So wie du es erklärst, verstehe ich es ganz gut."

„Okay. Wir waren also auf dem Höhepunkt des Zyklus, auf dem Gipfel des Bullenmarkts. Die Blase war kurz vorm Platzen. Zumindest mir und einigen anderen Leuten war das klar. Der breiten Masse hingegen natürlich überhaupt nicht. Und diese Situation, die für eine ganze Menge Menschen ein enormes Risiko darstellte, barg auch eine riesige Chance, eine Once-in-a-lifetime-Gelegenheit."

„Wie das?"

„Um das zu erklären, will ich mal ein bisschen ausholen. Damals erinnerte ich mich an die Lebensgeschichte von Joseph Kennedy, dem Vater des späteren

US-Präsidenten, die ich mal gelesen hatte. Der hatte während der Prohibitionszeit in den 20er Jahren mit krummen Geschäften ein kleines Vermögen gemacht und viel von seinem Geld in Aktien investiert. Der Legende nach passierte dann Folgendes: Ein Schuhputzjunge soll ihm Tipps gegeben haben, was für Aktien man jetzt kaufen sollte, und in diesem Moment war Joseph Kennedy klar geworden, dass die Aktien samt und sonders völlig überbewertet sein mussten. Denn wenn schon Schuhputzjungen von Aktien redeten, dann hatte man es mit einer riesigen Blase zu tun, weil ja offensichtlich alle Welt Aktien gekauft hatte und somit die Kurse in maßlos übertriebene Höhen gepusht worden waren.

Mit hellseherischer Sicherheit hatte er den großen Aktiencrash von 1929 vorausgeahnt. Und ziemlich genau zum Höhepunkt des Booms, also zu dem Zeitpunkt, als die Kurse ihre Höchststände hatten, da verkaufte er seine gesamten Aktienbestände. Wie sich herausstellte, hatte er nahezu den perfekten Zeitpunkt erwischt, denn kurz darauf kam der Crash, der berühmte schwarze Freitag. Die Kurse brachen massiv ein, und in den folgenden Jahren sackten die Kurse immer weiter in den Keller, bis sie 1932 ihren absoluten Tiefpunkt erreicht hatten. Sie waren im Schnitt um rund 90 Prozent eingebrochen. Ein historischer Börsencrash, und auf ihn folgte eine schwere Weltwirtschaftskrise, die Great Depression.

Eine ganze Menge Leute verloren dabei eine ganze Menge Geld. Es war ein Desaster, und viele Menschen waren um ihre Altersvorsorge gebracht, mussten ihre

Häuser verkaufen und so weiter und so weiter. Doch Joseph Kennedy tangierte das nicht weiter, denn er hatte ja sein Geld bereits *vor dem Crash* in Sicherheit gebracht. Als die Kurse nun solche Tiefen erreicht hatten, nutzte er die einmalige Chance und kaufte im ganz großen Stil Aktien zu Schnäppchenpreisen.

Zu einem Zeitpunkt, als alle Welt die Tränen trocknete und sich schwor, nie wieder eine Aktie anzufassen, hatte er den Mut, gegen den Strom zu schwimmen, und sein gesamtes Vermögen in die billig gewordenen Aktien zu investieren. In den Jahren danach stiegen die Aktien wieder und hatten nach 30 Jahren wieder die Kurse erreicht, die sie 1929 zuletzt gehabt hatten. Kennedy hatte mit sicherem Gespür Aktien von Firmen ausgewählt, die an sich solide und vertrauenswürdig waren, deren Aktien aber unverhältnismäßig stark abgestürzt waren. In der folgenden Hausse stiegen deren Kurse raketenartig wieder an, und sein Vermögen hatte sich enorm vervielfacht. Und so war die Familie Kennedy zu ihrem sagenhaften Reichtum gekommen."

„Wow..."

„Du ahnst es schon: Diese Geschichte hatte ich im Hinterkopf, als ich den phänomenalen Boom der Dotcom-Branche in den 90ern beobachtete. Ich sah die enorme Chance, die sich hier bot. Und ich spürte, wie sich die Geldgier wieder rührte. Alles in mir geriet in Aufruhr, und es juckte mich in den Fingern, diese einmalige Chance zu nutzen.

Doch es gab noch eine andere Stimme in mir, die mich warnte und mir davon abriet, wieder der Gier zu verfallen. Diese Stimme sagte mir, ich solle mich besinnen auf das, was wirklich wichtig war. In meinem Kopf gab es ein mächtiges Tauziehen, und ich geriet in eine Zwickmühle, die mir den Schlaf raubte und mich zu zermürben drohte. Was sollte ich tun?

Ich machte mir diese Entscheidung alles andere einfach, denn mir war klar, dass ich Gefahr lief rückfällig zu werden und wieder in die Geldsucht abzugleiten."

Hier machte André eine Pause.

„Und?", fragte Dennis, „sag schon! Was hast du getan?"

„Nach langem reiflichen Überlegen bin ich zu der Erkenntnis gekommen, dass ich diese Gelegenheit nicht ungenutzt verstreichen lassen durfte, aber ich wollte es diesmal anders machen. Ich beschloss, das Geld, das ich mit diesem Manöver verdienen würde, ausschließlich für wohltätige Zwecke einzusetzen. Es war eine wahrhaft salomonische Lösung gewesen, und mit ihr konnte ich gut leben.

Und diese Entscheidung hat mein Leben verändert wie kaum eine andere. Um die Geschichte kurz zu machen: Tatsächlich gelang es mir, es so zu machen wie Joe Kennedy: Zunächst verkaufte ich meine Aktien zu Höchstpreisen und wartete dann ab, bis der Crash gelaufen war. Und dann, nach etwa zwei Jahren, begann ich schrittweise, zu Schnäppchenpreisen Aktien einzukaufen. Monat für Monat investierte ich mein Geld in kleinen Portionen in gut ausgewählte, solide Unternehmen. Das konnte ich mit einiger Gemütsruhe tun, denn ich hatte ja ein entspannteres

Verhältnis zum Geld gewonnen. Ich sagte mir: Selbst wenn dieser Plan schief geht, werde ich trotzdem nicht arm sein, und ich habe eben ein paar Millionen weniger. Was solls?

Aber der Plan ging nicht schief. Und tatsächlich war es mir gelungen, eine ganze Anzahl von Aktien auszuwählen, die das Potenzial hatten, enorm zu steigen. Und von einigen Ausfällen abgesehen taten sie auch genau das. So entstand im Laufe der folgenden Jahre der Grundstock meines Milliardenvermögens."

„Und dann hast du dich tatsächlich an deinen Vorsatz gehalten und das Geld wohltätig eingesetzt?"

„Ganz genau. Ich gründete eine Stiftung, setzte dafür einen Anlagefonds auf, und mit den Renditen, die er erwirtschaftet, finanziere ich eine ganze Reihe von Hilfsprojekten. Bei manchen bin ich selbst aktiv dabei, andere unterstütze ich nur mit Geldmitteln. Und damit geht es mir sehr, sehr gut. Nie habe ich in meinem Leben eine tiefere Befriedigung und eine solche Sinnhaftigkeit empfunden wie nun, da ich so viel Positives in der Welt bewirken kann."

„Wow!"

„Und jetzt bin ich natürlich in der komfortablen Position, dass ich mich nicht mehr unter Stress um Geschäfte kümmern muss, sondern ich kann mich ganz den Dingen widmen, die im Leben wirklich wichtig sind: meiner Frau, meiner Familie, Menschen, die Hilfe brauchen – und damit habe ich meinen Seelenfrieden gefunden."

„Was für eine Geschichte! Und was für ein Happy End!"

André lachte geschmeichelt.

„Jetzt verstehe ich auch, was du meintest, als du davon sprachst, dein Erfolg würde zu 80 Prozent auf Glück beruhen. So eine Gelegenheit wie die Dotcom-Blase kommt schließlich nicht alle Tage."

„Das stimmt, aber bei solchen Gelegenheiten kommt es natürlich nicht nur auf Glück an, sondern auch darauf, dass man die große Chance überhaupt erkennt und dass man gut genug informiert ist, um richtig damit umzugehen. Und dazu muss man den Mut haben, antizyklisch zu handeln, das heißt: genau das Gegenteil zu machen, was die breite Masse tut."

„Das stimmt natürlich auch wieder. Aber eine Sache würde mich interessieren. Warum spendest du nur die Renditen deines Fonds? Warum spendest du nicht das gesamte Vermögen?"

„Das erkläre ich dir gerne. Nehmen wir an, ich würde eine Milliarde Euro spenden. Dann wäre dieses Geld zwar sinnvoll verwendet, aber danach wäre es weg. Oder besser gesagt: woanders. Jedenfalls nicht mehr bei mir. Ich mache es hingegen so: Ich erwirtschafte mit dieser Milliarde meine Rendite. Lass uns der Einfachheit halber sagen, diese Rendite beträgt pro Jahr durchschnittlich zehn Prozent. Wenn ich nun jedes Jahr diese zehn Prozent spende, dann habe ich nach zehn Jahren eine Milliarde gespendet – und ich besitze gleichzeitig immer noch eine Milliarde. Man könnte auch sagen, die Milliarde ist eine Gans, die goldene Eier legt, so wie im Märchen, und solange ich diese Gans nicht schlachte, wird sie auch weiterhin goldene Eier legen."

„Klar, das macht absolut Sinn."

„Jetzt kennst du meine Lebensgeschichte, und wenn dir das nicht schon zu viel geworden ist, dann können wir in den nächsten Tagen über meine sechs Prinzipien sprechen."

„Natürlich ist mir das nicht zu viel geworden. Ich fand es ausgesprochen interessant, und freue mich, noch mehr von dir zu hören!"

„Sehr schön! Darauf freue ich mich auch. Ich denke, für heute haben wir genug geleistet. Jetzt genießen wir noch den Rest der Wanderung."

Am späten Nachmittag erreichten sie Nájera, eine teils moderne, teils historisch anmutende Kleinstadt inmitten einer malerischen Landschaft, die von Weinbergen und sanften Hügeln geprägt war.

Nachdem sie in der örtlichen Pilgerherberge eingecheckt hatten, unternahmen sie eine kleine Besichtigungstour. Zunächst schauten sie sich die Ruinen der ehemaligen Königsresidenz aus dem elften Jahrhundert an und statteten dann dem Kloster Santa Maria La Real einen Besuch ab, einem ehrfurchtgebietenden romanischen Bau, der vor allem mit seinem kunstvollen Kreuzgang und einer ganzen Anzahl von Kunstwerken beeindruckte. Ihr Abendessen nahmen sie in einem kleinen Pilgerrestaurant ein und gingen schließlich zeitig schlafen.

5

Am folgenden Morgen starteten sie ihre nächste Tagesetappe, die weiter durch die Provinz Rioja nach Santo Domingo de la Calzada führen sollte. Nachdem sie eine Weile lang plaudernd durch die Weinberge gelaufen und das idyllische Dörfchen Azofra hinter sich gelassen hatten, sagte Dennis:

„Ich muss sagen, ich bin wirklich gespannt darauf, von dir die sechs Prinzipien zu hören, von denen du gesprochen hast. Wenn du Lust hast, ich wäre bereit."

„Sehr gerne!", erwiderte André. „Ich habe lange darüber nachgedacht, welches wohl das erste und wichtigste Prinzip sein könnte. Und ich bin zu dem Schluss gekommen, dass ich dieses Prinzip so formulieren möchte:

Pflege einen positiven Umgang mit deinen Mitmenschen und baue ein Netzwerk an guten Beziehungen auf."

„Oh, okay..."

„Ich weiß schon. Das hört sich erstmal nach einer Selbstverständlichkeit an. Aber du wirst sehen, was genau ich damit meine."

„Das ist es gar nicht mal. Ich bin nur überrascht, dass es für dich das Wichtigste ist."

„Lass mich dir erläutern, warum. Vor einiger Zeit las ich über eine hochinteressante Untersuchung, die Forscher mit freilebenden Schimpansen durchführten. Es ging darum, herauszufinden, wie diese Tiere soziale Beziehungen aufbauen und pflegen und wie sie ihre Gemeinschaft organisieren. Wie du vermutlich weißt, bilden diese Tiere Hierarchien, und es gibt immer einen Anführer."

„Ja, habe ich von gehört."

„Die Forscher beobachteten die Tiere über lange Zeiträume und analysierten die Beobachtungen. Was glaubst du, wen die Affen zu ihrem Anführer machten?"

„Ich schätze, den stärksten. Also den, der sich am besten durchsetzen konnte."

„Das ist die Antwort, die uns als erstes einfällt, richtig? Und das Verblüffende ist: Sie ist falsch! Nicht der Stärkste wird Anführer, sondern derjenige, der am besten *vernetzt* ist mit seinen Artgenossen. Schimpansen sind sehr soziale Wesen, und man kann anhand ihrer körperlichen Interaktionen gut beobachten, wer mit wem ein engeres Verhältnis hat. Sie füttern sich gegenseitig, lausen sich, tauschen Berührungen aus und so weiter. Diejenigen Affen, die mit den meisten anderen Affen solche Interaktionen hatten, wurden Anführer."

„Da bin ich tatsächlich überrascht."

„War ich auch. Und da wir mit den Schimpansen zur gleichen Gattung gehören, nämlich den Menschenaffen, und da wir mit ihnen einen Großteil unserer Gene gemeinsam haben, ist es nicht völlig verkehrt, davon auszugehen, dass wir Menschen ähnlich gestrickt sind. Und tatsächlich ist es erwiesen, dass auch in menschlichen Gemeinschaften meist diejenigen die Führungspositionen einnehmen, die gut vernetzt sind."

„Aber Moment. Ist es in Firmen nicht öfter so, dass Führungspositionen von Leuten besetzt werden, die von außen kommen, die also neu in die Firma eintreten?"

„Klar, das gibt es. Aber solche Leute sind meist mit der Konzernleitung gut vernetzt, und um ihre neue Position zu halten, müssen sie neue Netzwerke aufbauen, denn ohne sie würden sie ihre Macht nicht lange halten können. Um es kurz zu machen: Der Mensch ist ein gemeinschaftsbildendes Wesen, und sowohl für das persönliche Glück und die persönliche Erfüllung, als auch für den beruflichen Erfolg ist es ausgesprochen sinnvoll und ratsam, einen guten und konstruktiven Umgang mit seinen Mitmenschen zu pflegen."

„Okay, das ist wohl nicht zu bestreiten."

„Im Grunde ist es eine Binsenweisheit. Aber beileibe nicht alle Menschen leben auch tatsächlich konsequent nach dieser Erkenntnis. Das wirklich zu lernen, ist ein langer Prozess."

Eine Weile lang liefen die beiden schweigend weiter, bis André wieder ansetzte:

„Wenn ich an die Anfänge meiner beruflichen Laufbahn denke, also an meinen Studentenjob im Immobilienbüro, dann wird mir im Nachhinein klar, dass ich meinem damaligen Chef enorm viel zu verdanken habe."

„Inwiefern?"

„Ganz am Anfang hat er sich meiner angenommen und wurde mein Mentor. Warum hat er das getan? Ich möchte jetzt nicht unbescheiden klingen, aber ich denke, dass er mich irgendwie gemocht hat. Trotz meiner problematischen Kindheit war ich immer ein ziemlich fröhlicher und aufgeweckter Mensch gewesen. Ich begegnete meinen Mitmenschen immer höflich und freundlich, und ich denke, letztlich war es genau das, was mein Chef damals an mir geschätzt hat."

„Ja, das stimmt, du hast tatsächlich eine sehr gewinnende Ausstrahlung."

„Dankeschön!"

„Aber ist das nicht irgendwie auch ein bisschen Glückssache? Ich meine, ist das nicht etwas, das den Menschen als Charakter in die Wiege gelegt wird?"

„Natürlich. Es gibt Menschen, die von Geburt an ein fröhliches Wesen haben, die berühmten Frohnaturen. Solche Menschen sind natürlich ein bisschen im Vorteil. Trotzdem glaube ich, dass jeder Mensch sich angewöhnen kann, freundlich und mit positiver Energie mit seinen Mitmenschen umzugehen. Es fängt damit an, dass man darauf achtet, viel zu lächeln. Das ist schon die halbe Miete. Und dann ist es auch eine Frage der Einstellung. Ich frage dich: Welche Einstellung hast *du* grundsätzlich zu deinen Mitmenschen?"

„Keine Ahnung. Was soll ich da sagen?"

„Wenn du so durch die Stadt ziehst und die Leute anguckst. Was geht dann in dir vor?"

„Tja, wenn ich ganz ehrlich bin, bin ich erst mal ziemlich genervt. Ich komme ja aus Berlin, und diese Stadt ist einfach zu voll mit Menschen. Ich würde sagen, grundsätzlich bin ich eher gestresst von Leuten."

„Und ich würde wetten, dass es den meisten anderen Leuten genauso geht, denn die Mehrzahl der Menschen in der Großstadt wirkt nicht sonderlich freundlich, im besten Fall gleichgültig. Und die wenigsten von ihnen geben sich wirklich Mühe, gute Stimmung zu verbreiten."

„Ja, dem würde ich zustimmen."

„Die Frage ist aber: Muss man mit dem Strom mitschwimmen und genauso gleichgültig oder unfreundlich sein? Oder kann man die rühmliche Ausnahme sein und den Mitmenschen *trotzdem* freundlich begegnen? Ich habe die Erfahrung gemacht: Wenn man mit einem strahlenden Lächeln und ein paar freundlichen Worten auf die Menschen zugeht, dann hat das auf die anderen eine ansteckende Wirkung und es entsteht eine positive Wechselwirkung. Und das sollte man nicht unterschätzen, auch nicht oder vielleicht sogar gerade nicht im Geschäftsleben. Denn jeder Mensch möchte doch am liebsten umgeben sein von fröhlichen Menschen, die ihre Laune heben und für Zuversicht und eine gute Zeit sorgen, oder nicht?"

„Klar."

„Also umgeben sich die Menschen am liebsten mit solchen Leuten und machen mit ihnen auch am liebsten Geschäfte. So etwas läuft natürlich unbewusst ab. Es gibt ein chinesisches Sprichwort, das besagt etwa: *Wenn du kein freundliches Gesicht hast, sollst du kein*

Geschäft eröffnen. Und ich glaube da ist eine Menge dran."

„Ja, das klingt schon ziemlich überzeugend."

„Und wenn es um das alltägliche Miteinander geht, also im Berufsleben genauso wie im Privatleben, auch dann ist es enorm wichtig und hilfreich, bewusst darauf zu achten eine positive Energie auszustrahlen und mit einer wohlwollenden, toleranten und verständnisvollen Grundhaltung mit den Menschen umzugehen. Und zwar *allen* Menschen gegenüber. Ich mache bewusst keinen Unterschied zwischen einem Vorstandsvorsitzenden, einem Kellner und einer Reinigungskraft. Ich begegne allen mit derselben freundlichen und wohlwollenden Einstellung. Und ich garantiere dir: Diese Haltung von mir ist ein wichtiger Teil meines Erfolges."

„Zugegeben, ich bin auch nicht unbedingt immer der freundlichste. Ich werde in Zukunft mehr darauf achten."

„Mein damaliger Chef hat mir einige sehr hilfreiche Grundregeln beigebracht, die im Umgang mit Menschen das Maschinenöl sind, das das Getriebe am Laufen hält und das bewirkt, dass man von seinen Mitmenschen geschätzt und respektiert wird."

„Was für Regeln? Erzähl."

„Eine wichtige Regel lautete: *Kritisiere Menschen niemals unnötig, sondern nur dann, wenn es wirklich unumgänglich ist.* Wir alle haben kleine Fehler und Marotten. Und allzu viele Menschen neigen dazu, anderen diese Fehler und Marotten vorzuhalten und mit dem Finger drauf zu zeigen oder sich darüber lustig zu machen. Alles das ist vollkommen unnötig und sorgt nur dafür, dass der andere sich unwohl fühlt, und es entstehen Spannungen und negative Energie. Man macht sich mit so etwas unbeliebt. Denn was bringt es schon, diese kleinen Marotten überhaupt zum Thema zu machen? Wenn du darüber nachdenkst, wird dir klar: Es bringt überhaupt nichts.

Ich hatte einmal einen Mitarbeiter, der ein kleines Team führte. Er hatte die unangenehme Angewohnheit, bei jeder Gelegenheit Kritik zu üben. Das fing schon bei Kleinigkeiten an. Er sagte jemandem ins Gesicht, dass seine Hose zu eng war oder beschwerte sich über die Unordnung auf dem Schreibtisch eines Kollegen, obwohl das niemanden wirklich gestört hatte, und so weiter. Auch nörgelte er immer wieder an der Arbeit der Mitarbeiter herum, und das in einer Art, dass es wenig Konstruktives an sich hatte."

„Ja, solche Leute kenne ich nur allzu gut. Trolle!"

„Genau. Vermutlich hatte er selbst ein schwaches Selbstbewusstsein und versuchte sich aufzuwerten, indem er andere abwertete. Die Folge davon war eine spürbar miese Atmosphäre im Büro. Die Mitarbeiter waren eingeschüchtert und trauten sich kaum noch, kreativen Input zu liefern. Und natürlich war er nicht sonderlich beliebt. Als sich Mitarbeiter bei mir über ihn beklagten, nahm ich ihn mir zur Brust und sprach mit ihm im Vier-Augen-Gespräch über diese Angewohnheit. Leider erwies er sich als ziemlich kritikresistent. Er konterte, dass er nichts von einem weichgespülten Führungsstil halte. Leider musste ich mich nach einer Weile von ihm trennen, weil sein Team insgesamt nicht funktionierte. Das änderte sich, als ich einen Mitarbeiter gewinnen konnte, der einen wesentlich positiveren Zugang zu den Leuten hatte."

Er machte eine Pause und fuhr fort:

„Wenn du möchtest, dass Menschen gerne mit dir zusammen sind, dann vermeide es grundsätzlich irgendetwas Negatives über sie zu sagen oder sie auf irgendwelche kleinen Fehler aufmerksam zu machen. Wir sollten immer großzügig und nachsichtig sein und den Mitmenschen gönnen, dass sie nicht perfekt sind, denn das ist schlicht und ergreifend niemand."

„Aber was ist, wenn etwas wirklich richtig stört? Oder wenn jemand Verhaltensweisen an den Tag legt, die wirklich nicht okay sind? Ich meine, du hast ja eben das beste Beispiel geliefert mit dem Mitarbeiter, dem du gekündigt hast. Wie geht man da am besten vor?"

„Dann muss man natürlich etwas sagen, völlig klar. Und dann ist die entscheidende Frage, *wie* man das tut. Leider ist das Beispiel mit diesem Ex-Mitarbeiter nicht so günstig für das was ich meine, weil das Gespräch ja keinen positiven Ausgang genommen hat. Ich will dir stattdessen von einem anderen Beispiel erzählen. Es war für mich eine Schlüsselsituation im Immobilienbüro meines damaligen Chefs, von der ich sehr viel gelernt habe. Die Geschichte ist sogar ganz amüsant."

„Ich bin gespannt!"

„Damals hatten wir einen Kollegen, der – höflich ausgedrückt – kein gesteigertes Interesse an Körperpflege hatte."

Dennis musste lachen.

„Die Kollegen beschwerten sich, dass er immer umgeben war von einer Wolke von Schweißgeruch, die er hinter sich her zog. Und auch mir selber blieb das nicht verborgen. Nun traute sich niemand, ihn darauf anzusprechen. Also litten alle wochenlang, und einer bat schließlich meinen Chef, einzuschreiten, schließlich sei er ja der Chef. Natürlich war ihm das nicht sonderlich angenehm, so ein Gespräch führen zu müssen, deswegen konterte er, dass die Kollegen alt genug seien, um ihre Probleme untereinander auszumachen. Es gab einiges Hin und Her, und am Ende blieb der schwarze Peter bei ihm.

Er bat den Mitarbeiter also zu einem Gespräch in sein Büro. Alle waren gespannt, wie der Kollege auf dieses Gespräch reagieren würde, und alle erwarteten, dass er peinlich berührt oder gar am Boden zerstört aus dem Büro des Chefs herauskommen würde. Wir saßen an unseren Arbeitsplätzen und lugten immer neugierig zur Tür des Chefs, ob sie sich wohl öffnete und der Kollege rauskam. Nach einer ganzen Weile kam er dann schließlich, und zu unserer Überraschung machte er den Eindruck, als sei nichts Sonderliches vorgefallen. Wir fragten uns schon, ob der Chef gekniffen hätte. Am nächsten Tag erschien der Kollege frisch geduscht und mit einem angenehm dezenten Wohlgeruch im Büro, und so blieb das dann auch.

Später fragte ich meinen Chef, wie er dieses heikle Gespräch so erfolgreich hinbekommen hatte. Er erklärte mir: Es käme entscheidend darauf an, so zu kritisieren, dass der andere nicht sein Gesicht verliere und nicht in seiner persönlichen Würde und Selbstachtung gekränkt werde. Als Erstes sei es wichtig, dass man Kritik niemals vor den Augen und Ohren anderer äußerte, sondern dass man dies auf diskrete Art und unter vier Augen tue.

Und dann sei es wichtig, zunächst einmal etwas Positives zu sagen. Er hatte also in einigen Worten die gute Arbeit des Kollegen gelobt und ihm gesagt, dass er ein wertvoller Mitarbeiter sei. Dann hatte er übergeleitet und gesagt, dass es eine Kleinigkeit gab, die zu besprechen sei. Als nächstes hatte er betont: 'Wir alle haben so unsere kleinen Fehler und Eigenarten, und ich bin auch nicht frei davon. Also mach dir nichts draus, wenn ich etwas anspreche, woran du ein bisschen arbeiten könntest.'

Er fand diesen Teil besonders wichtig, denn damit stellte er klar, dass er sich dem Kollegen gegenüber nicht überlegen fühlte und ihn nicht schulmeistern wollte, sondern dass er aus einer Position der Augenhöhe sprach und in dem Bewusstsein, dass niemand perfekt wäre und es folglich auch keine große Sache war, wenn man etwas falsch machte.

Als nächstes äußerte er gegenüber dem Kollegen die Vermutung, dass es diesem wahrscheinlich selber gar nicht bewusst sei, und dass es daher für ihn hilfreich sein könnte, wenn der Chef ihn darauf aufmerksam machte. Und erst nach all diesen Vorreden sagte er ihm, was das Problem war, und gab ihm Tipps, wie er es praktisch lösen konnte."

Dennis musste lachen.

„Ich kannte ja meinen Chef sehr gut, und wusste, dass er die ganze Kritik sehr wohlwollend, freundlich und auf gut meinende Art vorgetragen hatte. Der Mitarbeiter hatte sein Gesicht nicht verloren und konnte weiterhin zur Arbeit gehen, ohne sich dabei schlecht zu fühlen. Und in der Folge verbesserte sich der Umgang der Kollegen mit ihm, und das Klima im Büro gewann in doppelter Hinsicht."

Dennis lachte und sagte:

„Da konnten alle freier atmen."

„Exakt!", erwiderte André schmunzelnd.

„Ich finde das vorbildlich, wie dein Chef damals das gemacht hat, und es klingt auch total einleuchtend. Aber denkst du denn, dass man im Geschäftsleben immer die Zeit hat, so ausführlich Kritik zu üben?"

„Ich finde, dass man sich diese Zeit *nehmen* sollte! Denn wenn es *überhaupt* nötig ist, Kritik zu üben, dann geht es ja um etwas Wichtiges und Grundsätzliches. Und dann ist es das auch wert, dass man das auf anständige Art macht. Eine falsch vorgebrachte Kritik kann das Verhältnis nachhaltig beschädigen, und allzu häufig falsch vorgebrachte Kritik kann ein ganzes Betriebsklima vergiften."

„Okay, du hast mich überzeugt."

„Und dasselbe gilt für Streit aller Art. Mein Motto ist: *Der Klügere gibt nach, aber der Klügste fängt gar nicht erst an zu streiten.* Denn beim Streiten kann man nur verlieren. Es gab mal jemanden, der als junger Mensch bekannt war für seine rechthaberische Art – und entsprechend unbeliebt: Benjamin Franklin. In seiner Autobiografie beschreibt er eindrücklich, wie er diese Eigenschaft überwand und damit die Grundlage schaffte für seine spätere kometenhafte Karriere. Eines Tages wies ihn ein Freund darauf hin und machte ihm klar, dass diese Eigenschaft ihn in seiner persönlichen und beruflichen Entwicklung massiv behinderte. Franklin beschloss, an sich zu arbeiten und seine rechthaberische Art zu überwinden.

Um dies zu erreichen, entwickelte er eine konkrete Strategie. Er beschloss, seine Argumentationstechniken zu verbessern und seinen Drang, immer im Recht zu sein, zu kontrollieren.

Franklin begann, während Diskussionen bewusst zuzuhören und andere Meinungen zu respektieren. Anstatt in hitzige Debatten zu verfallen, stellte er Fragen und versuchte, verschiedene Perspektiven zu verstehen. Er trainierte sich selbst, geduldig zuzuhören und zu überlegen, bevor er seine eigene Meinung äußerte. Und er sagte nie jemandem ins Gesicht, wenn er sich irrte oder etwas falsch machte.

Diese Veränderung hatte einen bedeutenden Einfluss auf Franklins Erfolg. Durch seine neue Herangehensweise wurde Franklin offener für andere Standpunkte und Meinungen. Menschen schätzten seine Offenheit und seine Bereitschaft, anderen anzuhören.

Und nicht zuletzt dadurch baute er sich auf diese Art ein Netzwerk an Unterstützern auf, das entscheidend dazu beitrug, dass er schließlich Präsident der Vereinigten Staaten wurde."

„Beeindruckend..."

„Ja. Übrigens ist die Autobiografie von Franklin ausgesprochen lesenswert, und man kann eine Menge lernen über die Geheimnisse des Erfolgs."

„Klingt interessant. Ich werde mir das Buch besorgen!"

„Mach das. Jedenfalls: Was können wir aus seiner Geschichte lernen? Wenn jemand irrtümlich etwas sagt, von dem du weißt, dass es nicht stimmt, dann ist es völlig unnötig, denjenigen darauf hinzuweisen und mit ihm darüber eine Diskussion anzufangen. Außer natürlich, es geht um etwas wirklich Wichtiges. Das Einzige, was dabei herauskommt, ist, dass Spannungen entstehen und der andere sich schlecht fühlt. Jemandem ins Gesicht zu sagen, dass er sich geirrt hat, bedeutet einen Gesichtsverlust für den anderen, insbesondere, wenn das vor den Augen und Ohren anderer geschieht. Rechthaberei macht uns letztlich nur unbeliebt. Im Englischen gibt es die Redewendung: *Nobody likes a smart ass*.

Ganz besonders ungeschickt ist es natürlich, so etwas gegenüber einem Vorgesetzten zu tun. Viel besser ist es, auch hier großzügig zu sein, und dem anderen seinen Fehler zuzugestehen. Denn mal Hand aufs Herz: Irren wir uns nicht alle manchmal?"

„Okay, aber was ist, wenn ein Kollege etwas sagt, von dem ich *weiß*, dass es falsch ist, und dass es für das Projekt ein Problem wäre, den Fehler nicht richtig zu stellen?"

„Dann gilt wieder genau das Gleiche wie beim Kritisieren: Dann kommt es darauf an, das mit besonderem Taktgefühl zu tun, sich nicht über den anderen zu erheben und mit dem Finger auf ihn zu zeigen, sondern klarzumachen, dass niemand vor Fehlern gefeit ist, und dann ruhig und freundlich und mit guten Argumenten darzustellen, wie es richtig sein müsste.

Und manchmal ist es ja auch so, dass man über einen Punkt unterschiedlicher Meinung sein kann, dass also keiner nachweislich Recht hat. Ganz besonders in solchen Situationen sollte man sich nicht in Streitereien verstricken. Dann ist es vor allen Dingen wichtig es einfach auszuhalten, dass der andere eine andere Meinung hat. Wir leben in einer demokratischen Gesellschaft, und dazu gehört Meinungspluralismus.

Das Zauberwort aus der Psychologie lautet *Ambiguitätstoleranz*. Wer diese besitzt, der hat die Fähigkeit, anderen ihre Meinung zu gönnen und damit zu leben. Auch dazu gibt es in Englischen eine hübsche Redewendung: *We agree to disagree.*“

„Aber findest du es nicht wichtig, ab und zu Meinungen auszutauschen, zu diskutieren, um Gedanken weiterzuentwickeln und so im Idealfall zu einer neuen Lösung zu kommen, die man vorher nicht gesehen hat?“

„Oh doch! Natürlich! Das *muss* es sogar geben. Aber eine konstruktive Diskussion und eine Streiterei sind zwei völlig verschiedene Paar Schuhe. Bei einer konstruktiven Diskussion ist es wichtig, dass man der Meinung des anderen grundsätzlich eine aufgeschlossene und wohlwollende Haltung entgegenbringt, dass man gut zuhört und bereit ist, die Meinung des anderen anzuerkennen, wenn sie sich denn als überzeugend herausstellt.

Und wichtig ist auch, dass man emotional ruhig bleibt. Es ist absolut nicht zielführend, laut zu werden oder den anderen anzugreifen. Wenn eine Diskussion allzu hitzig wird, dann ist es meistens am besten, eine Auszeit zu nehmen, und dass alle Beteiligten für eine Weile auseinander gehen, vielleicht frische Luft schnappen und sich dann zu einem späteren Zeitpunkt wieder zusammensetzen.

Und es ist auch nicht immer notwendig, sofort zu einer Lösung zu kommen. Manchmal ist es hilfreich, nach den ausgetauschten Argumenten einige Tage vergehen zu lassen, sodass alle Beteiligten noch einmal in Ruhe darüber nachdenken können, und erst dann zu versuchen, eine Lösung zu finden."

„Okay. So wird ein Schuh draus."

„Weißt du, im Grunde genommen geht es hier um Selbstverständlichkeiten. Wir alle haben schon in unserer Kindheit Sätze gehört wie: *Der Klügere gibt nach, wer schreit hat Unrecht, Streit führt zu nichts* und so weiter. Und trotzdem wundere ich mich immer wieder, wie oft in meinen Büros Streitereien aufkommen. Oder ich brauche auch nur an meine beiden Töchter und meine Enkel zu denken, wie oft sie sich wegen irgendwelcher Nichtigkeiten in die Haare bekommen.

Die meisten Leute nehmen diese Lebensweisheiten nicht sonderlich ernst und halten sich selten daran. Aber das ist ein Fehler. Denn letztlich ist es für das Zusammenleben, Zusammenarbeiten und für das eigene Vorwärtskommen von entscheidender Bedeutung, dass wir uns bemühen, uns an solche einfachen

Regeln zu halten. Was den meisten Leuten fehlt, ist eine grundsätzlich positive, wohlwollende und tolerante Haltung den Mitmenschen gegenüber. Wer diese positive Haltung hat, der kommt im Leben deutlich einfacher vorwärts als andere."

„Da hast du wohl Recht. Und trotzdem: Man hat doch das Gefühl, dass es oft gerade die Arschlöcher und kranken Narzissten sind, die in den Führungspositionen sitzen."

„Natürlich. Solche Leute sind gut darin, sich durchzuboxen und an die Spitze zu kämpfen. Aber frag mal danach, wie in solchen Teams die Stimmung ist. Was für ein Betriebsklima herrscht da? Können sich die Mitarbeiter kreativ und angstfrei und somit produktiv einbringen? Oder handeln sie nur aus Angst? Oftmals gibt es in solchen Firmen eine starke Personalfluktuation, und es entstehen unnötig Kosten und Stress, weil dauernd jemand kündigt oder gefeuert wird und neue Leute gesucht und eingestellt werden müssen. Ich glaube, dass solche problematischen Menschen eher *trotz* ihrer Art an die Macht kommen und nicht *wegen* ihrer Art. Das hat auch etwas damit zu tun, dass in vielen Köpfen noch die veraltete Vorstellung herrscht, Führungskräfte müssten hart und autoritär sein wie ein Drill-Sergeant.

Und wie glücklich ist so ein Chef selbst? Wie du ja weißt, ist in meinen Augen Erfolg ohne Erfüllung sinnlos. Wenn jemand sich ständig mit seinen Mitmenschen bekriegt, Feinde hat und immerzu schlechte Stimmung verbreitet – kann da von einem erfüllten Leben die Rede sein? Wohl kaum."

„Da gebe ich dir absolut Recht."

„Ganz abgesehen davon: Man weiß heute aus vielen Untersuchungen, dass ein humaner, kooperativer Führungsstil mit flachen Hierarchien für deutlich mehr Produktivität sorgt als autoritäre Führung und destruktive Machtausübung."

Während sie eine Weile lang schweigend weiterliefen, dachte Dennis über das Gehörte nach, bis André sagte:

„Schau mal, da vorne kommt ein nettes Dorf. Vielleicht gibt es da ja eine Kleinigkeit zu essen für uns."

„Oh ja, ich bin dabei!"

Tatsächlich fanden sie in dem Örtchen ein kleines, sehr einfaches Pilgergasthaus. Hier aßen sie ein schlichtes Pilgermenü, und nachdem sie eine Weile lang bei einer Tasse Café con Leche in der Sonne gesessen hatten, machten sie sich auf zu Teil zwei der Tagesetappe.

„Wir hatten von Führungsstil gesprochen", nahm André den Gesprächsfaden wieder auf, „und eine Sache möchte ich auf jeden Fall noch hinzufügen: Ich denke, als Führungskraft sollte man nicht mit Anerkennung sparen. Leider ist das oft nicht der Fall. In manchen Firmen wird sogar systematisch wenig Lob geäußert, und zwar aus dem ziemlich profanen Grund, damit die Mitarbeiter sich nicht zu viel einbilden und als Folge davon mit Forderungen für Gehaltserhöhungen daherkommen.

Manchen Chefs ist es auch ganz einfach unangenehm, Anerkennung auszusprechen. Dabei ist das enorm wichtig für ein gutes Betriebsklima und dafür, dass die Mitarbeiter mit Freude und Motivation ihre Aufgaben erfüllen. Ich kann für meinen Teil nur sagen, dass mich die lobenden Worte meines damaligen Chefs richtiggehend beflügelt haben, und dass ich kaum abschätzen kann, wo ich heute wäre, wenn er mich nicht auch durch Anerkennung aufgebaut hätte."

„Okay, aber da hätte ich doch einen Einwand. Ich kenne eine Menge Leute, die es gar nicht mögen, wenn zu viel gelobt wird. Sie empfinden das als Schleimerei und finden das eher verdächtig."

„Ja, den Einwand kann ich gut nachvollziehen. Aber ich glaube, hier muss man eine deutliche Unterscheidung treffen. Was du meinst, ist Schmeichelei. Schmeichelei ist unaufrichtiges Lob mit dem Ziel, sich auf plumpe Art beliebt zu machen, oder sie dient der Manipulation. So nach dem Motto: 'Du hast diese oder jene Aufgabe beim letzten Mal so großartig gelöst, du bist der Einzige, der für eine ganz besondere Aufgabe geeignet ist. Und zwar brauche ich jemanden, der am Wochenende ins Büro kommt.' So oder ähnlich. Du weißt, was ich meine. Schmeichelei kann ich auch nicht leiden. Aber das ist etwas ganz anderes als ehrliche Anerkennung.

Wenn jemand etwas gut hinbekommen hat, dann ist nichts Falsches daran, demjenigen das auch zu sagen. Wenn es ehrlich und aus der Situation heraus kommt, dann ist Lob ein ganz wichtiges Mittel, um Mitarbeiter zu motivieren und bei Laune zu halten. Und das gilt natürlich nicht nur fürs Arbeitsleben:

Auch im privaten Umfeld oder im Umgang mit Kindern sind Lob und Anerkennung Gold wert."

„Okay, das überzeugt mich. Aber eine Frage möchte ich jetzt doch mal stellen: Die Art von Chef, die du hier schilderst, ist natürlich ein wahrer Traum. Aber was ist, wenn die Mitarbeiter dem Chef auf der Nase herumtanzen, anstatt anständige Arbeit zu machen?"

„Guter Einwand. In so einer Situation ist es natürlich mehr als angebracht, auch mal deutliche Worte zu sprechen und eine Ansage zu machen. Aber auch das kann man in einer respektvollen Art machen und ohne laut zu werden. So habe ich es jedenfalls immer gehalten und bin damit gut gefahren."

„Tja, dein Erfolg gibt dir wohl recht."

André lächelte und sagte dann:

„Ich habe noch zwei weitere Tipps für den Umgang mit Menschen. Willst du sie hören?"

„Ja unbedingt!"

„Was ich sehr wichtig finde, ist dass man sich angewöhnt, den Menschen gut und viel zuzuhören. Zuhören ist eine Fähigkeit, die weithin stark unterschätzt ist. Die meisten Leute neigen dazu, viel zu viel zu reden. Gerade auch im Berufsleben denken die Leute, sie müssten sich selbst beweisen und darstellen und reden und reden und reden. Wenn man das zu weit treibt, dann hat der Gesprächspartner kaum das Gefühl, mit dem anderen wirklich in Kontakt gekommen zu sein. Er wurde lediglich vollgequatscht.

Viel besser ist es, dem anderen viele interessierte Fragen zu stellen, gut zuzuhören und Interesse zu zeigen. Ich habe es oft erlebt, dass ich im Gespräch mit

Menschen fast nichts gesagt habe außer ein paar Fragen zu stellen und zuzuhören, und im Anschluss das Lob bekommen habe, ich sei ein ausgesprochen interessanter Gesprächspartner."

Dennis musste lachen.

„Menschen lieben es, wenn andere sich für sie interessieren und Anteil an ihren Angelegenheiten, Gedanken und Gefühlen nehmen. So kommt erst wirklich ein Gefühl von Verbundenheit auf. Und ganz besonders wichtig ist das Zuhören auch bei Verkaufsgesprächen. Es gibt eine Menge mittelmäßige Verkäufer, die den Fehler machen, dass sie ihre Kunden mit haufenweise Argumenten überzeugen wollen, und dann reden sie und reden sie und versichern, wie toll das Produkt sei und warum es so vorteilhaft sei, es zu besitzen und so fort. Manchmal haben sie natürlich Erfolg mit dieser Methode. Das Problem ist bloß, dass Kunden leicht das Gefühl bekommen, dass ihnen etwas angedreht werden soll. Leute mit schwächerem Charakter kaufen dann manchmal einfach nur, weil sie nicht den Mut haben, Widerstand zu leisten.

Ich habe damals von meinem Chef eine viel bessere Technik gelernt. Wenn er mit Interessenten sprach, dann hat er zunächst viele Fragen gestellt. Fragen nach dem persönlichen Umständen, nach den Bedürfnissen und Träumen. Er hat sich die Zeit genommen, ihnen gut zuzuhören und ihnen das Gefühl zu vermitteln, dass es ihm ein besonderes Anliegen war, das perfekte Haus für ihre Wünsche zu finden. Das gab den Interessenten das Gefühl, in guten Händen zu sein und dem Makler vertrauen zu können. Und das ist natürlich ein ganz wichtiger Faktor beim Verkaufen.

Wenn er dann mit ihnen ein Haus besichtigte, dann gab er ihnen zunächst einmal Gelegenheit, sich ganz in Ruhe umzuschauen, ohne sie mit Verkaufsargumenten zu bombardieren. Er bot ihnen nur an, dass sie jederzeit Fragen stellen konnten, wenn sie welche hätten. Man hatte zu keinem Zeitpunkt das Gefühl, dass er jemandem etwas aufschwatzen oder aufdrängen wollte, sondern man spürte, dass er die Menschen dabei unterstützen wollte, das Bestmögliche für sie zu finden, und dass er eher eine Art Partner oder Ratgeber war, anstatt ein Verkäufer.

Damit hatte er großen Erfolg, und genau das ist es auch, was ich von ihm gelernt habe und was ich meinen Mitarbeitern weitergebe: Hört den Menschen zu und interessiert euch für das, was sie sagen, für ihre Bedürfnisse und Wünsche, aber auch für ihre Bedenken und Befürchtungen. Geht darauf ein, und vermittelt das Gefühl, dass ihr das ernst nehmt und euch darum kümmert. Und dasselbe gilt selbstverständlich auch im Privatleben, im Umgang mit Freunden oder mit der Partnerin oder mit den Kindern. Gut Zuhören ist wie ein goldener Schlüssel."

Dennis nickte. Plötzlich begann André zu lachen und sagte:

„Es entbehrt ja nicht einer gewissen Ironie, dass ich dir hier lange Vorträge halte darüber, wie wichtig es ist zuzuhören."

„Das stimmt", lachte Dennis. „In diesem Fall bin eben ich derjenige, der zuhört, und ich bin dir total dankbar dafür. Ich finde das alles sehr interessant."

„Danke für diese ehrliche Anerkennung!", erwiderte André augenzwinkernd.

„Was ist der andere wichtige Punkt, den du noch im Sinn hattest?"

„Ach ja. Die zweite Sache hat auch viel zu tun mit Zuhören. Mein Chef sagte einmal einen Satz, den ich nicht vergessen konnte. Er sagte: *Wenn du es dir zum Grundsatz machst, dich in die anderen hineinzuversetzen und die Welt aus ihrer Perspektive zu sehen, dann kann es gut sein, dass du einen großen Karrieresprung machst*. Er hatte diesen Satz irgendwo gelesen und glaubte fest daran."

„Was genau ist damit gemeint?"

Nun, was das Verkaufen betrifft, habe ich das ja gerade schon angeschnitten. Den anderen zuzuhören bedeutet ja auch, ihre Perspektive und ihre Anliegen zu verstehen und sich in sie hineinzuversetzen. Sobald dir das gelingt, gewinnst du ihr Vertrauen und kannst die maßgeschneiderte Lösung für sie finden.

Aber das gilt natürlich nicht nur für das Verkaufen, sondern auch für dein Verhältnis zum Chef oder zu den Kollegen.

Ich will dir mal ein Beispiel geben. Es gibt diese Art von Mitarbeitern, die einen besonders motivierten und interessierten Eindruck machen wollen und deswegen immer wieder zum Chef kommen, um Fragen zu stellen, Feedback zu erbitten oder auf sonst irgendeine Art den Kontakt zu pflegen. Natürlich ist es wichtig, Fragen zu stellen und Unklarheiten zu klären. Aber ist es deswegen nötig, alle halbe Stunde anzukommen und den Chef jedes Mal aus dem herauszureißen, an dem er gerade arbeitet? Wenn sich dieser Mitarbeiter in seinen Chef hineinversetzen würde, wäre ihm klar, dass dieses Verhalten störend ist. Schlauer wäre es doch, alle Fragen und Unklarheiten, die sich im Laufe des Tages ansammeln und die keine sofortige Klärung benötigen, aufzuschreiben, und dann bei einem einzigen Meeting mit dem Chef alle diese Punkte der Reihe nach durchzugehen und sie in einem Aufwasch zu klären. Das ist wesentlich rücksichtsvoller, als bei jedem kleinen Problem, das aufkommt, sofort zum Chef zu laufen und ihn damit zu behelligen.

Das ist jetzt nur ein kleines Beispiel, aber wenn du darüber nachdenkst oder im Alltag darauf achtest, werden dir eine Menge Situationen begegnen, in denen du dein Verhalten gegenüber Kollegen oder dem Chef optimieren kannst, nämlich indem du dich in sie hineinversetzt.

Viele Meinungsverschiedenheiten oder Konflikte lassen sich sehr leicht lösen, wenn man sich die Mühe macht, sich einfach mal in die Schuhe des anderen zu stellen und seine Perspektive, seine Bedürfnisse zu verstehen und darauf einzugehen, und dann zu einem Kompromiss zu finden.

Und logischerweise gilt all das natürlich auch fürs Privatleben. Ich glaube, es täte uns allen gut, uns selbst nicht ganz so wichtig zu nehmen und mehr Augenmerk und Interesse für die anderen Menschen aufzubringen."

„Da hast du Recht. Gerade heutzutage hat man oft das Gefühl, dass jeder in seiner eigenen Bubble unterwegs ist und nur die eigenen Probleme und Bedürfnisse im Sinn hat. Besonders interessant finde ich den Gedanken, dass das nicht einfach nur schön wäre für das Zusammenleben, sondern dass es tatsächlich auch die Karriere beflügeln kann, wenn man sich so verhält. Das leuchtet mir total ein. Wenn Vorgesetzte oder Kunden sich verstanden fühlen und merken, dass man ihnen dabei helfen will, eine optimale Lösung zu finden, dann erleben sie so eine Interaktion natürlich als besonders wertvoll und hilfreich."

„Genau das ist es. Das hast du sehr schön auf den Punkt gebracht."

„Danke für die ehrliche Anerkennung!", schmunzelte Dennis.

„Sehr gerne!"

6

Als die beiden Santo Domingo de la Calzada erreichten, stand die Nachmittagssonne golden am Himmel und tauchte das Städtchen in ein warmes, märchenhaftes Licht. In weiten Teilen war es modern und nicht wirklich reizvoll, konnte aber immerhin mit ein paar Sehenswürdigkeiten aufwarten wie dem Kloster San Francisco und der Kathedrale Santa María.

„In der Kathedrale gibt es eine besondere Kuriosität“, sagte André.

„Was denn?“

„Lass dich überraschen!“, schmunzelte der Ältere.

Und tatsächlich erwartete Dennis etwas ziemlich Überraschendes, denn als sie die eindrucksvolle gotische Kathedrale betraten, begann im Innern des Bauwerks ein Hahn zu krähen. Wie sich herausstellte, gab es im rechten Seitenschiff unweit des Altars einen kunstvoll geschnitzten Holzschrein, der zugleich als Käfig diente. Und in dem lebten ein Hahn und eine Henne.

„Wir werden eine glückliche Pilgerreise haben!“, sagte André.

„Ach ja?“

„Ja! Sagt zumindest der Hahn. Wenn er beim Eintritt kräht, bringt das Glück!“

„Okay, ich habe nichts dagegen!“, lachte Dennis. „Aber warum um alles in der Welt haben die hier Federvieh in der Kathedrale?!“

„Das geht auf eine alte Legende zurück. Sie erzählt von einer deutschen Pilgerfamilie, die auf dem Jakobsweg unterwegs war nach Santiago de Compostela. Hier in Santo Domingo wurde sie von einer Gastfamilie aufgenommen. Die Tochter der Familie verliebte sich in den Sohn der Pilger, doch er als frommer Christ wies ihre Avancen ab. Enttäuscht und verletzt wollte das Mädchen Rache, versteckte einen Silberbecher in seinem Gepäck, um ihn des Diebstahls zu bezichtigen, und als der Wirt seinen Becher suchte und man diesen schließlich im Gepäck des Pilgers fand, wurde er zum Tod durch den Strang verurteilt und aufgehängt."

„Charmant..."

„Als die Eltern am folgenden Tag noch einmal zur Richtstatt gingen, wo ihr Sohn immer noch am Galgen hing, sprach er plötzlich zu ihnen und sagte, er wäre durch den heiligen Domingo vom Tod bewahrt worden. Die Eltern liefen sofort zum Richter, um ihn über das Wunder zu informieren. Der Richter, der gerade dabei war, ein gebratenes Huhn zu essen, weigerte sich zu glauben, dass der Tote wieder zum Leben erweckt worden waren, und erklärte, dass der Vorfall genauso wahr sei, wie das Huhn auf seinem Teller lebendig sei. In diesem Moment sprang das gebratene Huhn tatsächlich auf und begann zu leben. Der Sohn wurde daraufhin vom Galgen abgenommen und lebte glücklich weiter. Das ist das berühmte Hühnerwunder von Santo Domingo de la Calzada."

„Schräge Geschichte!", sagte Dennis. „Aber immerhin haben wir den Segen des Hahns, und deswegen wird alles gut!"

„Genau!", lachte André.

Beim Abendessen besprachen die zwei, wie sie die weitere Pilgertour verbringen wollten. André schlug vor, dass sie immer wieder mal Etappen einzeln und jeder für sich laufen sollten, sodass beide die Chance hatten, das Besprochene zu verarbeiten und damit André sich in Ruhe überlegen konnte, was er als nächstes erzählen wolle. Er brauche Zeit, sagte er, seine Gedanken zu sortieren. Dennis fand den Vorschlag gut, und daher beschlossen sie, am folgenden Tag jeweils für sich zu laufen und erst auf der übernächste Etappe wieder gemeinsam zu gehen. Und so tauschten sie ihre Handynummern aus.

Als Dennis am nächsten Morgen startete, war André, der Frühaufsteher, längst unterwegs. Der Weg führte durch urwüchsige Städtchen und Ortschaften, die wohl sehenswert gewesen wären, aber Dennis verbrachte die Wanderung lieber damit, über all das nachzudenken, was er am Vortag von André gehört hatte.

Im Örtchen Belorado, ihrem heutigen Etappenziel, trafen die beiden Männer sich in einem kleinen Lokal, um gemeinsam zu Abend zu essen, und tauschten sich über den Tag aus. Die nächste Etappe nach San Juan de Ortega wollten sie wieder gemeinsam gehen. Und so starteten sie früh am folgenden Morgen ihre Wanderung.

„Wenn du Lust hast", begann André, „kann ich dir etwas über das zweite Prinzip erzählen."

„Absolut! Ich bitte darum!"

„Mein zweites Prinzip lautet:

Tu alles, was du tust, bewusst und mit Freude."

Er machte eine kurze Pause, damit Dennis sich auf das Thema einstimmen konnte. Dann fuhr er fort:

„Ich glaube, dass dieses Prinzip eins der großen Geheimnisse meines damaligen Chefs war. Er war Makler mit Leib und Seele und liebte seine Arbeit. Damit hat er mich von Anfang an angesteckt. Nun bin ich von Natur aus ein begeisterungsfähiger Mensch, und so war ich schnell Feuer und Flamme für diese Arbeit. Ich hatte dir ja schon erzählt, dass ich es liebte, leere Häuser zu besichtigen. Und so geht es mir bis heute. Ich finde, darin liegt ein ganz spezieller Zauber, der jedes Mal ein prickelndes Gefühl in mir auslöst. Und ich glaube, diese Begeisterung hat sich dann auch immer auf meine Kunden übertragen. Wenn ich mit ihnen die Immobilien besichtigte und ihre Fragen beantwortete, dann spürten sie, dass ich dieses Haus am liebsten selbst kaufen würde.

Beim Verkaufen ist so eine Begeisterungsfähigkeit Gold wert, aber auch für dich selbst ist es segensreich, wenn du das, was du tust, gerne machst. Denn es gibt kaum etwas Schlimmeres, als Tag für Tag ins Büro zu gehen und sich bei einem Job abzurackern, den man eigentlich hasst."

„Oh ja."

„Die Kunst besteht darin, auch solche Dinge mit Hingabe zu tun, die einen nicht auf Anhieb begeistern. Egal, womit du dich gerade beschäftigst, sei es die Arbeit im Job, sei es lästige Hausarbeit, was auch immer es ist, du kannst nur gewinnen, wenn du dich an das gute alte Zen-Prinzip hältst: „Wenn du gehst, dann geh, wenn du isst, dann iss... du kennst das bestimmt."

„Ja, habe ich schon öfter gehört."

„Vom Zen-Buddhismus können wir eine Menge lernen, wenn es um die richtige Einstellung zur Arbeit geht. Im Zen wird besonderer Wert auf Achtsamkeit gelegt. Das bedeutet, dass man sich vollständig auf die gegenwärtige Tätigkeit konzentriert, sie mit ganzem Herzen und Verstand ausführt, ohne sich ablenken zu lassen. Das hat positive Effekte auf das eigene Gefühl zur Arbeit, und es trainiert auch den Charakter: Zen-Buddhisten schätzen den Wert von Beharrlichkeit und Durchhaltevermögen. Sie sind bereit, Herausforderungen anzunehmen und Schwierigkeiten zu überwinden, indem sie ihren Fokus und ihre Disziplin aufrechterhalten.

Aber ihnen geht es nicht nur um sich selbst: Zen-Buddhisten sind bestrebt, ihre Fähigkeiten und Talente zum Wohl aller einzusetzen und eine positive Wirkung auf die Menschen um sie herum zu haben.

Durch die Zen-Arbeitsmoral wird Arbeit zu einer Möglichkeit der Selbsterkenntnis, der spirituellen Entwicklung und der Erfahrung von innerem Frieden und Erfüllung werden."

„Hört sich soweit ganz einleuchtend an. Aber was heißt das konkret?“

„Sei immer ganz und gar bei der Sache und versuche mit einem positiven Gefühl an deine Aufgaben zu gehen und sie so gut wie möglich zu erledigen. Viele Leute erledigen ihre Aufgaben freudlos und denken dabei: 'Oh Mann, was für ein nerviger Mist, wann habe ich endlich Feierabend?' Diese Haltung ist in mehrfacher Hinsicht destruktiv. Denn so verbrennst du Lebenszeit, die für immer verloren ist, und du fühlst dich mies dabei. Und dazu verbreitest du um dich herum schlechte Stimmung, und deine Arbeitsergebnisse werden wohl auch nicht optimal ausfallen.“

„Das stimmt schon", erwiderte Dennis, „aber manche Aufgaben sind eben einfach total nervig, und ich frage mich bei manchen Dingen, wie ich sie mir schönreden soll."

„Es geht ja nicht darum, sie dir schönzureden. Es geht vor allem darum, erst einmal dankbar zu sein, dass man überhaupt einen Job hat, oder auch eine Wohnung, die man sauber machen kann, oder was es auch immer sein mag. Ich habe in meinen Hilfsprojekten oft mit Menschen zu tun, denen das Allernötigste fehlt, und daher weiß ich, wovon ich spreche. Diese Menschen würden alles dafür geben, eine Küche zu haben, die sie putzen könnten, oder einen Bürojob, bei dem sie zwar lästige Routine-Arbeiten erledigen müssten, aber dafür gutes Geld verdienten."

„Ja gut", murmelte Dennis. „Das ist natürlich auch wieder wahr."

„Wenn du dir klar macht, dass es Millionen Menschen auf der Welt gibt, die weder Wohnung noch Job haben und in bitterster Armut leben, dann stellt sich vielleicht Dankbarkeit ein dafür, dass es dir vergleichsweise sehr gut geht. Du hast die Wahl, ob du über deine Aufgaben lamentieren möchtest oder ob du sie mit Wertschätzung erledigst. Mach dir beim Putzen klar, dass es angenehm ist, in einer sauberen Wohnung zu leben. Mach dir beim Saubermachen Musik an und versuche, dir daraus eine nette Zeit zu machen."

Dennis nickte nachdenklich.

„Oder wenn du im Job eine nervtötende Sache zu erledigen hast, dann mach dir klar, wie wertvoll es ist, nicht arbeitslos zu sein. Erledige das, was du zu tun hast, so gut wie möglich. Sei ganz bei der Sache und bemühe dich, ein gutes Ergebnis herauszukitzeln. Siehe darin eine sportliche Herausforderung. Damit erreichst du zweierlei: die Arbeit fühlt sich nicht mehr an wie eine lästige Plackerei, sondern du bist ganz im Moment und verschwendest keine wertvolle Lebenszeit. Und zweitens bringst du so gute Ergebnisse und machst dich dadurch zu einem wertvollen Mitarbeiter. Ganz abgesehen davon sind Menschen gerne mit Leuten zusammen, die gute Laune verbreiten und nicht ständig meckern. Wer seine Dinge mit einer positiven und wertschätzenden Grundeinstellung erledigt, der hat auch eine positive Ausstrahlung."

„Okay, das leuchtet mir alles ein. Aber in meinem Fall ist es nicht so einfach."

„Inwiefern? Was ist dein Problem?"

„Mein Chef ist Choleriker und insgesamt ziemlich unausstehlich. Entsprechend ist das Arbeitsklima. Anerkennung habe ich schon lange nicht mehr gehört. Nicht gemeckert ist Lob genug, meint er immer und findet das anscheinend witzig."

„Was machst du genau?"

Dennis erzählte von seinem Job als Berater in einer PR-Agentur. Diese Agentur erstellte Image- und Werbekampagnen für große Firmen und machte die Presse- und Öffentlichkeitsarbeit. Seine Aufgabe war es, Ideen und Konzepte für Kampagnen zu entwickeln und dazu Texte zu verfassen.

„Also eine sehr kreative Arbeit."

„Ja, das stimmt. Aber in dieser Agentur liegt einiges im Argen."

Er erzählte, dass die Bezahlung zwar einigermaßen anständig war, aber von ihm wurde verlangt, dass er zehn Stunden und mehr am Tag im Büro saß, oft auch am Wochenende, und so blieb ihm kaum Zeit für ein Privatleben. Eine Beziehung hatte er schon lange nicht mehr gehabt. Er schlief schlecht, quälte sich nur noch freudlos durch seine Tage und fühlte sich regelrecht krank.

„Das heißt, du bist in einem Bereich, wo ein lockeres, spielerisches Arbeitsklima wünschenswert wäre, aber bei dir herrscht genau das Gegenteil."

„Genau das ist das Problem. Wenn ich versuchen würde, mich an deinen Tipp zu halten und eine positive Grundeinstellung zu meinem Job zu entwickeln, dann müsste ich schon sehr den Kopf in den Sand stecken und mir alles ziemlich schön reden."

„Aha, verstehe. In so einem Umfeld würde ich mich auch nicht gut fühlen. Das ist schon ziemlich extrem. In diesem Fall würde ich dir wohl nahelegen, dich nach etwas völlig Neuem umzusehen. Denn erstens leidet deine Lebensfreude und sogar deine Gesundheit unter dem täglichen Frust, und abgesehen davon trittst du auf der Stelle und entwickelst dich nicht weiter, weder menschlich noch beruflich."

„Daran habe ich auch schon gedacht. Aber mich schreckt das Risiko, eine sichere Stelle aufzugeben."

„Love it or leave it sagen die Amerikaner, also: *Liebe es oder geh* – und die Bedeutung dieses Satzes kann man gar nicht unterschätzen. Laut Umfragen ist die

Mehrzahl der Menschen mit ihrer Arbeit unzufrieden. Das Problem ist, dass die meisten aber nicht den Mut haben, eine größere Veränderung in ihrem Leben zu vollziehen, so wie du. Der Job, den sie haben, bietet Sicherheit, und sie wissen, was sie haben. Ein Stellenwechsel hingegen bedeutet Unsicherheit. Man verlässt den aktuellen Arbeitsplatz und wird ihn wahrscheinlich nicht wiederbekommen, falls man es sich anders überlegen sollte. Und bei der neuen Stelle weiß man nicht, worauf man sich einlässt. Man könnte vom Regen in die Traufe geraten. Zudem ist die erste Zeit im neuen Job immer schwierig. Man muss sich bewähren, man muss sich mit den neuen Kollegen arrangieren, und diese Herausforderungen machen Angst."

„Du hast es perfekt auf den Punkt gebracht."

„Und so schreckt die Mehrzahl der Leute davor zurück, eine solche Veränderung herbeizuführen. Aber das halte ich für grundfalsch. Denn wenn ich im aktuellen Job unzufrieden bin, dann habe ich bereits die Gewissheit, dass dieser Job nicht der Richtige für mich ist. Bei einem neuen Job hingegen habe ich zumindest die Chance, etwas Besseres zu finden. Und sollte sich das als Trugschluss erweisen, kann ich immer noch weiter schauen. Manchmal ist es auch eine Überlegung wert umzuschulen, eine neue Ausbildung zu machen oder sogar die Branche komplett zu wechseln, wenn man das Gefühl hat, dass man gänzlich fehl am Platz ist. Um es kurz zu machen: Ich kann dich nur ermutigen, etwas völlig Neues auszuprobieren."

„Tja, ich schätze, dass ich gar keine andere Wahl habe, wenn ich aus meinem Loch herauskommen will. Aber du hast schon Recht. Man braucht dafür eine ganze Portion Mut..."

Eine Weile lang gingen die beiden schweigend weiter. Schließlich setzte André wieder an:

„Ich komme noch mal zurück auf das Prinzip: *Tue alles, was du tust, bewusst und mit Freude.*

Ich würde gerne noch weiter ausführen, warum es für mich so wesentlich ist bei der Frage nach Erfüllung und Erfolg."

„Lass hören!"

„Mach dir mal Folgendes bewusst: Wenn du einen Job gefunden hast, der dir wirklich Freude macht und in dem du voll und ganz aufgehst, dann hast du die ideale Voraussetzung, um herausragende Ergebnisse zu erzielen und hast die Motivation, Großes zu leisten. Überleg mal: Erfolgreiche Musiker etwa haben viele Jahre damit verbracht, stundenlang am Tag zu üben und sich mit Musik zu beschäftigen. Natürlich gibt es Leute, die von ihren Eltern dazu getriezt werden, das zu tun, um damit erfolgreich zu werden. Ich glaube aber, dass der weitaus häufigere und erfüllendere Weg der ist, dass ein Mensch einfach vor Begeisterung brennt.

Wenn jemand sich Hals über Kopf in das Klavierspiel verliebt hat, dann macht es ihm Freude, viel Zeit mit dem Spielen und Üben zu verbringen. Von vielen Musikern weiß man, dass sie geradezu mit Besessenheit geübt haben und ihr Instrument gar nicht aus Hand legen konnten. Unter diesen Umständen ist das

Üben keine lästige Pflicht, sondern eine Leidenschaft und Erfüllung. Und um so einen idealen Zustand zu erreichen, ist es natürlich wichtig, dass man auch etwas findet, das einem solche Freude bereitet.

Ich hatte dir erzählt, dass ich als junger Mensch die Wahl hatte zwischen dem Studium und dem Job im Immobilienbüro. Letztlich war mir von Anfang an klar gewesen, dass der Job im Büro meine Leidenschaft war. Ich machte das gerne und fühlte mich wohl. Das Studium hingegen war für mich eher lästig, und ich machte es nur, weil ich an das glaubte, was meine Mutter mir immer wieder eingetrichtert hatte: dass dieses Studium mir Sicherheit und gute Karrieremöglichkeiten bieten würde. Eine Entscheidung für ein Studium wäre eine reine Kopfentscheidung gewesen, und ich hätte massiv gegen meinen Herzenswunsch gehandelt.

Zum Glück war ich klüger und habe mich für das entschieden, das mich erfüllte. Und nur deswegen konnte ich meine Arbeit mit Freude und Begeisterung tun und sehr gute Ergebnisse abliefern. Ich habe keine Ahnung, was aus mir geworden wäre, wenn ich mich für das Jurastudium entschieden hätte, aber ich bin mir ziemlich sicher, dass ich nicht glücklich geworden wäre – und auch nicht so erfolgreich.

Was ich damit sagen will: Wenn du etwas tust, mit dem du Erfüllung findest und mit entsprechendem Einsatz dabei bist, dann stellt sich der Erfolg fast automatisch ein. Ganz egal, für welches Studium, welche Berufsausbildung, welche Tätigkeit, welche Branche oder welchen Geschäftszweig man sich entscheidet: Wenn man etwas tut, wofür man brennt, dann wird man seinen Weg machen. Und ich bin der Meinung: Für eine Umschulung oder Neuorientierung ist es nie zu spät."

„Tja, ich muss sagen, mit diesen Überlegungen hast du bei mir einen Nerv getroffen. Ich schätze, ich werde da jetzt noch intensiver drüber nachdenken."

7

Am folgenden Tag ging es von San Juan de Ortega aus weiter in Richtung Burgos. Dabei handelte es sich um die Hauptstadt der gleichnamigen Provinz, in der sie gerade unterwegs waren. Sie hatten beschlossen, diese Etappe wieder gemeinsam zu laufen, diesmal aber wollten sie nicht über Andrés Prinzipien sprechen, sondern sich ganz den Sehenswürdigkeiten widmen, die sie erwarteten.

Auf diesen Streckenabschnitt freute Dennis sich besonders, denn er hatte einiges zu bieten: Zunächst einmal gab es in Burgos eine spektakuläre Kathedrale, die sogar zum UNESCO-Weltkulturerbe erklärt worden war. Den Bildern nach zu urteilen war sie von atemberaubender Schönheit. Aber auch der Weg dorthin hatte es in sich, denn dort gab es eine international berühmte Ausgrabungsstätte.

Auf Wald- und Feldwegen ging es Richtung Süden. Zunächst passierten die zwei den kleinen Ort Agés und kamen etwas später in die Ortschaft Atapuerca. Hier befand sich die besagte Fundstätte, und die zwei ließen es sich nicht nehmen, den berühmten Höhlen einen Besuch abzustatten. Informationstafeln unterrichteten sie darüber, dass hier im Jahr 1994 massenweise fossile Knochen entdeckt worden waren. So stellte sich heraus, dass in dieser Gegend vor über 800.000 Jahren Vorfahren der Neandertaler gelebt hatten. Es war ein Eldorado für Altertumsforscher.

Dieser Ausgrabungsort wurde zu einem der bedeutendsten der Welt. Die Erkenntnisse, die hier gesammelt worden waren, hatten die Vorstellung der Geschichte der Menschheit erheblich verändert. Auch diese Fundstätte war zum UNESCO-Weltkulturerbe erklärt worden und außerdem zu einem „Gut von außergewöhnlichem universellen Wert".

Nachdem die beiden die Fundstätte hinter sich gelassen und einige weitere kleine Dörfchen passiert hatten, gelangten sie schließlich nach Burgos. Dort angekommen steuerten sie gleich auf die berühmte Kathedrale zu, und die erwies sich in der Tat als überaus sehenswert. Dabei handelte es sich um einen gotischen Bau, der entfernt Ähnlichkeit mit dem Kölner Dom hatte, nur dass diese Kathedrale aus hellerem Gestein bestand.

Die Geschichte des Baus war bemerkenswert: Im Jahr 1221 begannen die Bauarbeiten, und sie dauerten mit einigen Unterbrechungen bis ins Jahr 1567. Allerdings gab es in diesem Zeitraum eine Baupause von fast 200 Jahren.

Die schiere Größe des kolossalen Baus alleine raubte ihnen den Atem. Doch auch der unüberblickbare Reichtum an Verzierungen, Kunstwerken, liebevollen

Details und baulichen Raffinessen war beeindruckend. Als die zwei sich schließlich satt gesehen hatten, war es an der Zeit, auch körperlich satt zu werden, und so aßen sie in einem örtlichen Restaurant eine weitere Variante des Pilgertellers, der auf dem gesamten Weg ein Standardgericht in den Lokalen war. Im örtlichen Refugio, der Pilgerherberge, legten sie sich schließlich zeitig schlafen.

Der nächste Streckenabschnitt sollte nach Hornillos del Camino führen, laut Reiseführer ein 70-Seelenörtchen mitten im Nirgendwo. Die Etappe wollten André und Dennis wieder gemeinsam laufen, und so machten sie sich auf den Weg.

Nachdem sie eine Weile gewandert waren, fragte André:

„Darf ich noch mal zurückkommen auf deine Jobsituation?"

„Klar."

"Du hattest gesagt, dass dir vermutlich keine andere Wahl bleibt, als dich nach etwas Neuem umzusehen. Hast du da schon Ideen?"

„Nichts wirklich Konkretes."

„Gut, am naheliegendsten wäre es ja, wenn du dir eine neue Stelle in einer anderen Agentur suchen würdest, oder?"

„Im Prinzip schon. Ich bin mir nur nicht wirklich sicher, ob diese Branche mir so gut tut."

„Inwiefern?"

„Naja, wir machen ja in erster Linie Werbung und Pressearbeit für große Unternehmen. Und ich muss ehrlich sagen, dass ich dabei oft Bauchschmerzen habe, weil wir es nicht selten mit Firmen zu tun haben, bei denen ich nicht so richtig dahinter stehen kann. Wir haben beispielsweise schon für die Tabakindustrie gearbeitet oder auch für russische Gasunternehmen und solche Sachen. Ich hatte dabei oft Probleme mit meinem Gewissen."

„Das ist natürlich nicht so gut."

„Genau. Und man kann es sich eben auch nicht immer aussuchen, für welches Projekt man arbeitet. Ich bin auch eher durch Zufall in diese Branche geraten, durch die Empfehlung von einem Bekannten. Ursprünglich hatte ich ganz andere Pläne."

„Was denn für welche?"

„Ursprünglich wollte ich mal schreibender Journalist werden. Aber in dieser Zeit, als ich Berufsanfänger war, hatten die Zeitungen und Magazine ziemliche Probleme wegen der Konkurrenz aus dem Internet. Und deswegen war klar, dass die Aussichten in diesem Bereich nicht gut waren. Deswegen habe ich mich davon abbringen lassen. Aber eigentlich ist es das, was ich immer machen wollte."

„Und wie ist die Jobsituation in diesem Bereich jetzt?"

„Nicht viel besser, fürchte ich."

„Was ist denn mit Online-Journalismus? Da würdest du doch auch schreiben. Wie ich höre, sollen da gute Gehälter bezahlt werden."

„Das könnte schon sein."

„Und könnte das vielleicht eine Möglichkeit für dich sein?"

„Da müsste ich mal drüber nachdenken. Aber warum eigentlich nicht?“

Andre nickte, dachte einen Augenblick nach, und fragte dann:

„Und hast du irgendwelche Träume?“

„Inwiefern?“

„Was würdest du aus deinem Leben machen, wenn alles möglich wäre? Wenn so die üblichen Widerstände und Bedenken nicht da wären. Was würdest du dann tun?“

„Naja“, sagte Dennis und lachte verlegen.

„Sag schon! Das muss dir nicht peinlich sein.“

„Gut… also, um ehrlich zu sein, habe ich immer davon geträumt – also seit ich Teenager war – einmal Romanschriftsteller zu werden.“

„Und was hält dich davon ab?“

„Naja, die üblichen Widerstände und Bedenken würde ich sagen.“

Die beiden lachten.

„Was für Bedenken?“, wollte André wissen.

„Solche Bedenken wie: Habe ich denn dafür überhaupt Talent? Und wie soll man davon leben? Die wenigsten Schriftsteller verdienen genug Geld, um damit ihr Leben zu finanzieren.“

„Aber es gibt welche, die das tun oder nicht?“

„Schon.“

„Und wer sagt, dass du kein Talent hast? immerhin ist schreiben dein Brotjob.“

„Ja, aber Werbetexte verfassen und einen Roman schreiben, sind schon zwei verschiedene Paar Schuhe.“

„Also, Frank Schätzing war auch mal Werbetexter."
Dennis lachte:
„Ja, so erfolgreich zu sein wie der, da hätte ich nichts dagegen. Aber da muss man erstmal hinkommen."
„Ja. aber man kommt nur dahin, wenn man überhaupt anfängt. Nicht, wenn man es gleich von vornherein aufgibt. Ich glaube ja fest daran, dass man viel erreichen kann, wenn man nur dafür brennt. Übrigens habe ich einen Bekannten, der tatsächlich einen Roman geschrieben hat. Er kann davon nicht leben, aber es hat ihm viel Spaß gemacht, und er hat sogar ein paar tausend Euro damit verdient, als Self Publisher bei Amazon."
„Und wie hat er das hinbekommen? War er nicht berufstätig?"
„Doch, das war er. Er hat sich jeden Morgen eine Stunde früher den Wecker gestellt und vor der Arbeit seine drei bis vier Seiten geschrieben. Das hat er ohne viel Stress hinbekommen. Er hat diese eine Stunde am Tag sogar als Meditation und als Erholung empfunden. Und nach einem halben Jahr war er mit seinem Roman fertig. Der Trick dabei war seine Beharrlichkeit."
„Tja", machte Dennis nachdenklich, „so betrachtet könnte ich wirklich mal darüber nachdenken, etwas Größeres zu verfassen."
„Mach das! Es ist nie zu spät, unsere Träume zu verwirklichen, und es gibt immer einen Weg. Eine Freundin von meiner Tochter ist von Beruf Lehrerin. Ihre große Leidenschaft ist das Malen. Damit hat sie im-

mer einen großen Teil ihrer Freizeit verbracht. Irgendwann hat sie angefangen, Videos aufzunehmen, in denen sie Mal-Tipps gegeben hat. Sie hat diese Videos hochgeladen bei YouTube, und nach einiger Zeit stiegen die Klickzahlen. Inzwischen verdient sie einiges Geld mit diesem Kanal. Leben kann sie davon noch nicht, aber immerhin konnte sie es sich deswegen leisten, ihre Arbeitszeit zu halbieren. Sie fährt gut damit und ist sehr glücklich. Was ich damit sagen will: Heutzutage gibt es viele Möglichkeiten, seinen Weg zu machen abseits der konventionellen Pfade."

Dennis nickte. Nachdem sie eine Weile schweigend weitergegangen waren, sagte André:

„Ich wäre bereit für Prinzip Nummer drei. Wie sieht es aus? Bist du aufnahmefähig?"

„Ich platze schon vor Neugier!"

„Okay!", lachte André. „Also... ich habe ein bisschen darüber geknobelt, wie ich meine Gedanken zu diesem Thema auf eine knackige Formel bringen kann. Und habe mich schließlich für folgende Formulierung entschieden. Das dritte Prinzip lautet also:

Sei immer gut informiert und triff kluge Entscheidungen, aber höre vor allem auf dein Herz!

Das klingt auf den ersten Blick vielleicht ein bisschen widersprüchlich, aber im Grunde genommen haben wir es hier mit zwei Seiten von ein und derselben Medaille zu tun. Es geht grob gesagt um das Verhältnis von Kopf und Herz. Denn beides halte ich für gleichermaßen wichtig."

Hier machte er eine kurze Pause, bevor er fortfuhr: „Beginnen wir mit dem Kopf. Ich bin ein Mensch, der große Freude daran hat, ständig zu lernen und immer wieder etwas Neues zu erfahren. Deswegen lese ich zum Beispiel jeden Tag die Zeitung. Wenn mich ein Thema interessiert, dann besorge ich mir Literatur dazu und kann mich richtig eingraben. So habe ich mir beispielsweise eine ganze Menge Wissen angeeignet über Finanzmärkte und Geldanlagen. Denn wenn du dein Geld erfolgreich vermehren willst, musst du schon ein bisschen Ahnung davon haben.

Ich hatte dir ja erzählt, wie ich beim Platzen der Dotcom-Blase einen obszönen Haufen Geld verdient habe. Das konnte nur funktionieren, weil ich erstens gut informiert war, also Hintergrundwissen über das Funktionieren der Finanzmärkte besaß, aber auch Bescheid wusste über die Geschichte von Joseph Kennedy. Darüber hinaus verfolgte ich die aktuellen Geschehnisse in der Presse. Und zweitens habe ich darauf basierend eine *Entscheidung* getroffen, nämlich mein Vermögen zunächst aus den Aktien abzuziehen und es dann später zum richtigen Zeitpunkt, nämlich als die Aktienkurse massiv gefallen waren, wieder zu re-investieren. Klar gehörte dazu auch ein Quäntchen Glück, weil es mir gelungen war, in beiden Fällen einen guten Zeitpunkt zu erwischen, aber ich denke, dass Wissen und Informationen dabei eine noch größere Rolle gespielt haben.

Ich glaube tatsächlich, das es eine Handvoll Entscheidungen sind, die das Leben bestimmen. Und die

Kunst besteht darin, in den wesentlichen Momenten die richtige Entscheidung zu treffen."

„Das ist bestimmt so. Und du hattest früher mal angedeutet, dass du eine Technik kennst, mit der man gute Entscheidungen trifft."

„Ganz genau. Also, hier kommt sie. Nehmen wir zum Beispiel an, du fasst den Plan, dich beruflich zu verändern und einen neuen Weg einzuschlagen. Und nehmen wir an, du hast die Wahl zwischen zwei Optionen. Sagen wir einfach mal, du hast ein Jobangebot in einer anderen Stadt, die dir vielleicht nicht so gut gefällt, aber dafür ist die Stelle interessant und das Gehalt gut. Im anderen Fall sagt dir die Arbeit nicht so besonders zu, dafür aber sitzt die Firma in einem Ort, der dir sehr gut gefällt. Eine schwierige Entscheidung. Wie sollst du also eine kluge Wahl treffen? Ich stelle dir dazu mal eine Frage, die viel diskutiert wird: Ist es besser eine Kopfentscheidung zu treffen oder eine Bauchentscheidung?"

„Gute Frage. Das hängt wahrscheinlich vom Typ ab. Ich schätze, ich bin eher Team Kopf."

„Interessant."

„Und? Was denkst du?"

„Ich erzähle dir einfach mal, wie ich bei so etwas vorgehe. Zunächst mal würde ich so viele Informationen wie möglich über beide Firmen und über beide Orte einholen. Ich füttere meinen Kopf mit möglichst viel Wissenswertem über beide Optionen."

„Also auch Team Kopf."

„Warte ab", schmunzelte er und fuhr fort: „Oft wird empfohlen, bei solchen Entscheidungen Pro- und

Contra-Listen anzufertigen. Da führt man dann alle möglichen Argumente auf, die für oder gegen die Option A und Option B sprechen, und dann wägt man das Ganze gegeneinander ab. Was dabei herauskommt, ist eine klassische Kopfentscheidung. Manche Menschen mögen mit dieser Methode gut fahren. Ich persönlich muss aber sagen, dass ich es nicht so mache. Denn auch wenn ich meinen Kopf mit viel Informationen anfülle, lasse ich am Ende doch mein Herz entscheiden."

„Ach so?"

„Ja. Wenn mein Gehirn einen gewissen Sättigungsgrad an Wissen über die Optionen erreicht hat, dann lasse ich das Ganze ein, zwei Tage oder auch länger ruhen und spüre dann in mich hinein. Im Allgemeinen ist es so, dass ich dann ein klares Gefühl dafür habe, wohin es mich zieht. Und dann treffe ich eine Herzensentscheidung. So wie ich mich damals gegen das Studium und für den Immobilienjob entschieden habe.

Und auch meine Entscheidung für mein Finanzmanöver während des Dotcom-Booms war zuletzt eine Herzensentscheidung. Ich musste erst für mich klären, wie ich mich überhaupt mit dem Thema Geld fühlte. Ich musste *emotional* mit mir ins Reine kommen, was mir das viele Geld überhaupt bedeutete, und was ich damit anstellen wollte. Und erst als ich die Lösung gefunden hatte, mein Geld für wohltätige Zwecke zu investieren und so ein gutes Gefühl für den Einsatz meines Geldes gefunden hatte, erst dann konnte ich diese Entscheidung treffen.

Mein Tipp ist also: *Triff Herzensentscheidungen mit Köpfchen!*"

Dennis musste schmunzeln und sagte:

„Diese Formulierung gefällt mir."

„Ja, ich muss zugeben, dass ich auch ein bisschen stolz darauf bin. Sie ist mir vor einigen Tagen beim Wandern eingefallen."

„Ist auf jeden Fall leicht zu merken!"

„Genau!", lächelte André und fügte dann hinzu: „Ich möchte jetzt noch mal zurückkommen auf das Thema *Informieren und Lernen*. Für mich war das Lernen nach der Schule nicht vorbei. Sondern ich sehe es so, dass mein ganzes Leben ein ständiger Lernprozess war und noch immer ist. Ich glaube, das sollte sich jeder zum Prinzip machen, der im Leben erfolgreich sein will, aber auch, wer Erfüllung finden möchte.

Wenn ich zum Beispiel auf Reisen gehe, dann lese ich im Vorfeld eine ganze Menge über die Orte, die ich zu besuchen beabsichtige, und je mehr ich darüber weiß, desto besser kann ich entscheiden, welche Sehenswürdigkeiten ich sehen will, und ich kann all diese Orte viel besser genießen, wenn ich darüber Hintergrundwissen habe. Alles wird reicher und spannender, wenn man etwas darüber weiß.

Und selbstverständlich ist es auch für den beruflichen Erfolg von entscheidender Wichtigkeit, dass man sich intensiv mit seinem Bereich beschäftigt und exzellente Fachkenntnisse erwirbt. Egal, wohin es dich beruflich verschlagen wird, du wirst gut daran tun, wenn du dir so viel Wissen wie möglich darüber aneignest und dich zum Experten entwickelst."

„Also, wenn ich ganz ehrlich sein darf", entgegnete Dennis, „ist Lesen jetzt nicht so meine allergrößte Lieblingsbeschäftigung."

André lachte:

„Ist ja auch nicht jedermanns Sache. Aber wie alles andere im Leben auch kannst du es dir angewöhnen. Und ich denke ja, wenn du einen neuen beruflichen Weg findest, für den du dich begeistern kannst, und der dir Freude bereitet, dann wird dir auch das Lesen und Lernen über dieses Feld Freude machen, weil es dich ja schließlich interessiert.

Du könntest es ja so machen, dass du dir langsam angewöhnst, jeden Tag ein bisschen mehr zu lesen. Mal ein Fachbuch, mal die Tageszeitung, mal ein Wochenmagazin oder eine Fachzeitschrift, und dann vielleicht auch mal einen Roman. Zwischendurch kann man auch mal ein Hörbuch hören. Zum Beispiel im Auto, in der Bahn oder beim Spazierengehen.

Ich selbst lese beileibe nicht nur Fachliteratur. Ich interessiere mich auch für Belletristik und für philosophische Texte. Aber klar ist, dass ich mindestens zwei Bücher pro Woche lese. Ich finde darin immer Inspiration und Anregungen und zugleich ganz nebenbei Entspannung."

„Ja, du hast schon recht, es könnte mir bestimmt nicht schaden, ein bisschen mehr zu lesen."

„Ich weiß ja nicht, wie viel Zeit du immer so mit deinem Handy beschäftigt bist..."

Dennis räusperte sich.

„... aber du kannst ja mal versuchen, deine Handyzeit zu reduzieren und die gewonnene Zeit ins Lesen zu investieren. Das wird deinem Kopf und deiner Psyche garantiert gut tun."

„Ich bekenne mich schuldig im Sinne der Anklage und gelobe Besserung!"

André lachte und fuhr fort:

„Ich möchte jetzt gerne noch einen Punkt anführen, der im weitesten Sinne auch mit dem Thema *lebenslanges Lernen* zu tun hat: nämlich das Lernen aus *Fehlern.* Ich glaube, für Erfolg im Leben ist es wesentlich, eine gesunde Fehlerkultur zu pflegen."

„Was meinst du damit?"

„Ich glaube, es ist essentiell, von der Grundannahme auszugehen, dass jeder Mensch Fehler macht, und das ständig. Selbst die erfolgreichsten Menschen machen in ihrem Leben reihenweise Fehler. Die Kunst ist, sich von diesen Fehlern nicht ins Bockshorn jagen zu lassen und das Handtuch zu werfen, sondern Fehler als eine Chance zu nutzen, daraus zu lernen.

Während Thomas Edison an der Entwicklung der Glühbirne arbeitete, führte er zahlreiche Experimente mit verschiedenen Materialien und Designs durch. Eines Tages, wurde er von einem Reporter gefragt: 'Mr. Edison, wie fühlt es sich an, tausend Mal zu scheitern?' Edison gab selbstbewusst zurück: 'Ich habe nicht tausend Mal versagt. Die Glühbirne war ein Erfolg mit tausend Schritten.'

Mit dieser Antwort verdeutlichte Edison seine Einstellung zum Scheitern. Anstatt sich von seinen Misserfolgen entmutigen zu lassen, betrachtete er sie als wertvolle Lernerfahrungen und Schritte in Richtung seines Ziels. Jeder Fehlschlag brachte ihn seinem endgültigen Erfolg näher und half ihm, die richtige Kombination aus Materialien und Design zu finden. Von ihm stammt übrigens auch das Zitat *Genie ist 1 % Inspiration und 99 % Transpiration.*"

„Ah, interessant."

„Wenn du mit einer Sache scheiterst und etwas gründlich daneben geht, dann verfalle nicht in Selbstzweifel und Depressionen, sondern analysiere nüchtern, was schiefgelaufen ist, und mach es beim nächsten Versuch besser. Wenn du an eine Sache oder an ein Projekt glaubst, dann resigniere nicht und schmeiß nicht gleich alles hin, sondern bleib dran und wachse über dich hinaus."

„Das ist wohl im Prinzip richtig. Allerdings hätte ich doch einen Einwand. Ich kenne zum Beispiel jemanden, der ein Projekt gestartet hat mit der Produktion von Hörspielen – auf eigene Kosten. Er hat eine ganze Menge Geld und Energie in dieses Projekt investiert. Und es lief ganz gut. Er hat durchaus eine Anzahl von Hörspielen verkauft. Aber diese Einnahmen reichten nicht, um auch nur das eingesetzte Geld wieder einzuspielen. Was hat er also getan? Er hat es so gemacht, wie du es gerade empfohlen hast, und sich gesagt: Ich gebe nicht auf, sondern produziere einfach weiter Hörspiele, bis ich irgendwann in die Gewinnzone komme. Nur leider ist es nie so weit gekommen. Er hat eine ganze Menge Geld verbrannt, und am Ende musste er völlig resigniert das Handtuch werfen."

„Aha. Guter Einwand! Du hast Recht, wir sollten da wohl ein bisschen differenzieren. Grundsätzlich glaube ich daran, dass man nicht sofort das Handtuch werfen sollte, wenn mal etwas schief läuft. Lass uns also überlegen, was bei deinem Bekannten schief gelaufen ist. Zunächst einmal war es ja so, dass er für das Projekt viel Geld eingesetzt hat. Und dieser Umstand bringt natürlich eine wichtige Dimension mit ins Spiel. Wenn es um viel Geld geht, dann ist es natürlich ganz entscheidend, sehr gründlich abzuwägen, wie die Chancen und Risiken stehen. Ich weiß über diese ganze Geschichte natürlich nicht mehr, als das, was du mir erzählt hast. Ich könnte mir aber vorstellen, dass er sich ganz einfach nicht gründlich genug informiert hat über alles, was mit der Produktion von Hörspielen zu tun hat. Also über das Genre, in dem er gearbeitet hat. Über die Zielgruppe und die Hörgewohnheiten in dieser Zielgruppe und so weiter.

Natürlich spekuliere ich hier. Aber vielleicht hat er versäumt, zum richtigen Zeitpunkt zu analysieren, *warum* die Verkäufe nicht so gut liefen, wie er sich das erhofft hatte. Ich sagte ja, es ist nach einem Scheitern wichtig, die *Gründe* dafür zu analysieren, daraus zu lernen und es dann besser zu machen. Offenbar hat dieser Bekannte das nicht getan, sondern er hat einfach genauso weitergemacht wie zuvor. Hätte er die Situation gründlich analysiert, wäre er vielleicht rechtzeitig zu dem Ergebnis gekommen, dass das ganze Projekt zum Scheitern verurteilt war und hätte daraufhin die kluge Entscheidung getroffen, es abzubrechen und sich etwas anderem zuzuwenden.

„Ja, das kann schon gut sein, dass es so gewesen ist."

„Gut. Also dann lass uns doch diesen Gedanken auf den Punkt bringen. Wenn du eine Niederlage erleidest, dann lass dich nicht sofort entmutigen und wirf nicht sofort das Handtuch, sondern analysiere genau, was schief gelaufen ist und triff dann eine kluge Entscheidung, ob du dein Projekt fortsetzt oder nicht, aber triff diese Entscheidung nicht aufgrund von Panik oder Resignation, sondern aufgrund einer guten Analyse und kluger Überlegung. Und wenn du dich entscheidest, das Projekt fortzusetzen, dann analysiere die Fehler gründlich und nutze sie dafür, es beim nächsten Versuch besser zu machen. Ganz schlecht aber wäre es, aus dem Fehler nur zu lernen, dass es sich nicht lohnt, überhaupt irgendein Projekt anzupacken, weil man ja doch scheitern würde. So oder so sollte man sich nie entmutigen lassen."

„Ja, ich glaube, so wird ein Schuh draus."

„Gesunde Fehlerkultur hat aus meiner Sicht noch einen anderen wichtigen Aspekt."

„Nämlich?"

„Ich denke da an die alltägliche Arbeit und das Verhältnis zu Kollegen und Vorgesetzten. Ich wundere mich immer wieder, wie viele Menschen dazu neigen, Fehler zu vertuschen und durch Unwahrheit oder Manipulationen den Eindruck erwecken zu wollen, dass sie überhaupt keinen Fehler gemacht haben.

Die Angst einen Fehler einzugestehen ist so groß, dass die Leute lieber lügen und manipulieren, anstatt ganz einfach zu sagen: 'Sorry, da habe ich Mist gebaut.' Das Problem bei diesem Verhalten ist, dass früher oder später auffliegt, dass die betreffende Person dieses Verhaltensmuster an den Tag legt. Das Ende vom Lied ist, dass die Kollegen und Vorgesetzten das Vertrauen in diese Person verlieren. Ein Vorgesetzter wird sich dann dreimal überlegen, ob er so jemanden befördert oder auch nur den Vertrag verlängert. Dabei ist dieses Verhalten so unnötig. Es spricht absolut nichts dagegen, selbstbewusst zu einem Fehler zu stehen und zu sagen: 'Es tut mir leid, da ist mir wohl was durch die Lappen gegangen. Ich werde beim nächsten Mal besser drauf achten!'

Klar ist es im ersten Moment unangenehm, einen Fehler zuzugeben. Aber auf die lange Sicht kannst du nur gewinnen, wenn du mit Fehlern offensiv und transparent umgehst. Denn nun hat dein Chef das Gefühl, dass er dir vertrauen kann und dass du ehrlich bist. Und dass du professionell genug bist, aus deinen Fehlern zu lernen. Kurz gesagt kommt es also nicht darauf an fehlerlos zu arbeiten, sondern es kommt darauf an, Fehler als etwas Unvermeidliches anzuerkennen und professionell damit umzugehen.

Und logischerweise gilt dasselbe auch fürs Privatleben. Auch da kann Vertrauen nur gedeihen, wo die Menschen auch bei Fehlern offen und ehrlich miteinander umgehen.

Ich selber könnte gar nicht aufzählen, wie viele kleinere und größere Fehler ich in meinem Leben gemacht habe. Das hat mich jedoch nicht daran gehindert, da zu landen, wo ich jetzt bin."

„Ich fasse mal zusammen", sagte Dennis schmunzelnd, „Lernen kann kein Fehler sein und aus Fehlern kann man lernen."

„Treffend formuliert!"

Lachend setzten sie ihren Weg nach Hornillos del Camino fort.

8

Die nächste Tagesetappe nach Castrojeriz ging wieder jeder für sich. Der Weg führte durch eine karge, flache Gegend, und da es so gut wie nirgends Schatten gab, brannte die Sonne erbarmungslos auf Dennis nieder. Hätte er sein Basecap nicht aufgehabt, dann wäre sein Gesicht wohl völlig verbrannt. Die Hitze setzte ihm mächtig zu, und er schwitzte wie auf kaum einer anderen der bisherigen Etappen. Obwohl er literweise Wasser trank, war er die ganze Strecke über durstig.

In Castrojeriz angekommen war er komplett erschöpft. Das malerische historische Städtchen, dessen Geschichte bis in die Römerzeit zurückreichte, lag auf einem Hügel am Fuße eines Tafelbergs. Nachdem er in der örtlichen Pilgerherberge eingecheckt und eine kurze Ruhepause eingelegt hatte, bummelte er durch die engen Gassen und sog die urige Atmosphäre des Örtchens in sich auf.

Abends traf er mit André zusammen, und gemeinsam besichtigten sie die örtlichen Sehenswürdigkeiten: die Burgruine Castrum Sigerici aus dem 8. Jahrhundert, von der aus sie einen wunderbaren Ausblick hatten, sowie die romanische Stiftskirche Colegiata Santa Maria del Manzano aus dem 13. Jahrhundert.

Um diese bemerkenswerten historischen Stätten wirklich angemessen zu würdigen, waren beide zu erledigt, und so legten sie sich noch zeitiger als sonst zur Ruhe.

Früh am nächsten Morgen starteten sie wieder gemeinsam. Ziel war heute das Örtchen Frómista. Kurz nachdem sie aufgebrochen waren, ging es steil hinauf auf den Tafelberg. Nach einem kräftezehrenden Aufstieg erreichten sie völlig außer Atem einen spektakulären Aussichtspunkt, den Alto de Mostelares auf 911 Metern Höhe. Von hier aus hatten sie einen grandiosen Blick auf die Altstadt Castrojeriz und die gegenüberliegenden Tafelberge.

Nachdem Sie die Aussicht eine Weile lang ausgekostet hatten, folgten sie weiter dem Camino, der nun freilich steil abwärts ging. Der Abstieg erwies sich als kleines Abenteuer, und Dennis fühlte sich unangenehm erinnert an die erste Etappe nach Roncesvalles. Mehr als einmal wäre er beinahe ausgerutscht, und André ging es kaum besser. Aber beiden gelang es, diesen herausforderungsreichen Parcours unversehrt zu überstehen, und als sie schließlich auf einem malerischen Feldweg spazierten und wieder zu Kräften gekommen waren, sagte André:

„Bist du bereit für Prinzip Nummer vier?"

„Ich bin ganz Ohr!"

„Gut! Also: In einem Satz zusammengefasst würde ich das Prinzip so formulieren:

Entwickle ein gesundes Verhältnis zum Geld und nutze es als eine positive Energie, die dir und anderen Erfüllung bringt."

„Positive Energie... das klingt schon mal gut."

„Ja... lass mich erklären. Uns allen ist ja klar, dass es nicht gesund ist, Geld allzu wichtig zu nehmen. Das Problem scheint mir bloß zu sein, dass das leicht gesagt ist, denn heutzutage ist Geld für einen Großteil der Menschen ein massives existenzielles Problem geworden. Eine Weisheit wie: N*imm Geld nicht so wichtig* klingt da wie der blanke Hohn."

„Wohl wahr."

„In Zeiten, wo Gas dreimal so viel kostet wie gewohnt, und in denen die Inflation die Lebensmittelpreise rapide steigen lässt, geraten viele Menschen in eine existenzielle Notlage. Viele wissen schon gar nicht mehr, wo sie überhaupt noch einsparen und auf was sie verzichten sollen, um auch nur schuldenfrei über die Runden zu kommen.

Und es trifft ja nicht nur die Schwächsten. Auch in der Mittelschicht gibt es eine ganze Menge Menschen, die ihr Haus abbezahlen müssen und nun in Schwierigkeiten geraten, ihre Kreditraten zu bedienen. Auf der anderen Seite gibt es die Millionäre und Milliardäre, die reicher und reicher werden."

Dennis musste grinsen.

„Jawohl, mich eingeschlossen."

„Na gut, immerhin spendest du den größten Teil deines Geldes."

„Richtig, aber leider tun das beileibe nicht alle, die Geld haben. Darin liegt eine eklatante Ungerechtigkeit, und die Schere zwischen arm und reich klafft immer weiter auseinander. Deswegen setze ich mich auch ein für die Erhöhung der Steuern für große Vermögen, hohe Gewinne und hohe Einkommen."

„Wirklich?"

„Ja natürlich. Mich macht es ganz krank, wenn ich sehe, für was manche Schwerreiche ihr Geld rausschleudern, während die Menschen woanders Not leiden. Das muss aufhören."

„Bemerkenswert, dass du das so siehst."

„Die Überholspur ist links!", scherzte André. Dennis brauchte einen Moment lang, um den Gag zu verstehen, und lachte.

„Schade, dass das nicht alle so sehen."

„Jedenfalls... Ich glaube, es wird dringend nötig sein, diese Ungerechtigkeit auszugleichen, denn ansonsten ist unsere soziale Sicherheit in Gefahr – und womöglich sogar die Demokratie insgesamt. Denn auf Dauer werden sich die sozial Schwachen und der abgestiegene Mittelstand mit diesen Zuständen nicht abfinden und dagegen auf die Barrikaden gehen."

„Tja", machte Dennis nachdenklich.

„Nun, das sind die gesamtgesellschaftlichen Zustände. Und an denen lässt sich nur bedingt etwas ändern. Umso mehr kommt es darauf an, was wir in unserem Privatleben für ein Verhältnis zum Geld haben. Und das ist essentiell. Denn das entscheidet nicht nur darüber, wie zufrieden oder unzufrieden wir mit unserer aktuellen Situation sind, sondern es entscheidet auch darüber, wie viel Wohlstand oder Armut wir in unserer Zukunft haben werden."

Er machte eine kurze Pause und setzte dann wieder an:

„Eine Frage mal an dich: Wie würdest du dein Verhältnis zum Geld beschreiben? Was bedeutet Geld für dich?"

„Tja, gute Frage", entgegnete Dennis. Er überlegte und sagte: „Geld ist wohl irgendwie ein notwendiges Übel. Alle brauchen es, aber die Gier danach richtet auch einigen Schaden an. Und es führt auch zu Ungerechtigkeit und zu Spannungen. Außerdem verdirbt Geld den Charakter, sagt man ja auch. Du selbst hast ja am besten beschrieben, was für einen üblen Einfluss Geld auf die Psyche haben kann."

„Absolut richtig", erwiderte André. „Und sehr interessant, dass Geld für dich ausschließlich einen negativen Charakter zu haben scheint."

„Ja. Geld ist die Wurzel allen Übels, sagt man ja auch."

„Nun... bei allem, was ich des Geldes wegen durchgemacht habe, bin ich doch heute zu einer etwas anderen Vorstellung gelangt. Ich glaube inzwischen, dass Geld an sich überhaupt keine Eigenschaften hat. Es ist zunächst einmal nichts weiter als ein praktisches Tauschmittel. Ganz pragmatisch. Es ist nicht schlecht und nicht gut, sondern – sagen wir – der Treibstoff und das Schmieröl im wirtschaftlichen Getriebe.

Welche Bedeutung es für einen persönlich hat, hängt ganz davon ab, was man darin sieht und hineininterpretiert. Heutzutage betrachte ich Geld als eine Energie, die sich zum Guten ebenso wie zum Schlechten einsetzen lässt. Problematisch wird es erst, wenn es einen schädlichen Einfluss auf unsere Psyche ausübt, wenn es uns korrumpiert, wenn es uns krank macht oder, wie du sagst, unseren Charakter verdirbt und uns zu üblen Taten verleitet.

Wenn ich auf mein Leben zurückblicke, dann hat Geld in meinen unterschiedlichen Lebensphasen immer wieder eine ganz unterschiedliche Bedeutung und Rolle gehabt.

In meiner Kindheit habe ich vor allen Dingen unter dem Mangel an Geld gelitten. Die Armut unterwanderte mein Selbstwertgefühl. Und so beschloss ich eines Tages, dass mein größtes Lebensziel sein wird, aus dieser Armut zu entfliehen und so viel Geld wie möglich zu machen. Ich machte Geld zu einem Fetisch. Ich überkompensierte mein beschädigtes Selbstwertgefühl mit der Vorstellung, dass ich mit Geld selbstbewusster und wertvoller werden würde. Ich machte meinen Selbstwert *abhängig* vom Geld. Und das führte auf die Dauer dazu, dass mein ganzes Leben und Streben nur noch darauf ausgerichtet war, noch mehr Geld zu machen. Ich vernachlässigte alle anderen wichtigen Lebensbereiche.

Und ich versäumte natürlich völlig, *richtig* an meinem beschädigten Selbstwertgefühl zu arbeiten. Ich entwickelte mich persönlich nicht weiter, und geriet stattdessen in einen Sog von Sucht und Gier. Während mein Kontostand wuchs und wuchs, wurde meine Psyche kranker und kranker. Und schließlich passierte, was unvermeidlich war: Ich geriet deswegen in eine Krise.

Ich glaube beileibe nicht, dass ich mit diesem Verhältnis zum Geld alleine war. Wie viele Menschen rackern sich tagein, tagaus damit ab, ihr Geschäft zu vergrößern, die Karriereleiter hochzusteigen und ihr Einkommen zu verbessern? Und dabei vernachlässigen sie ihre Gesundheit, ihre Seele, ihr Privatleben, ihre Familie, ihre Kinder, ihre Ehefrau und so weiter. Ich glaube, ich liege nicht so ganz verkehrt, wenn ich behaupte, dass die Mehrheit der arbeitenden Bevölkerung genauso lebt."

„Gut möglich...", warf Dennis ein.

„Ich rede jetzt natürlich vor allen Dingen von Menschen aus der Mittel- und Oberschicht. Ich rede nicht von Leuten, die sich den Buckel krumm schuften, um überhaupt nur Geld für das Lebensnotwendige zu verdienen. Diese Menschen rackern sich ja nicht aus übertriebenem Ehrgeiz oder Raffgier ab, sondern die ungerechten gesellschaftlichen Zustände zwingen sie dazu."

Hier machte er eine Pause, und es war ihm anzusehen, dass er bei dem Gedanken an solche Ungerechtigkeit hätte verzweifeln können.

„Wie auch immer", fuhr er fort, „mein gestörtes Verhältnis zum Geld brachte mich schließlich in die Psychiatrie. Und ich musste erkennen, dass ich dieses Verhältnis grundsätzlich ändern musste.

Ich nahm mir also vor, Geld nicht mehr wie eine Gottheit zu verehren, sondern mein Privatleben, meine Psyche und meine Gesundheit an die erste Stelle zu setzen. Eine Weile lang ging das gut, aber nach ein paar Jahren kam der Rückfall. Die Gier nach dem Geld schlug wieder zu. Und daran kann man sehen, welches Suchtpotenzial Geld tatsächlich hat. Es war wie bei einem trockenen Alkoholiker, der sich geschworen hat, nie wieder einen Tropfen anzurühren und der nach Jahren der Abstinenz aus einer Laune heraus meint, doch bloß mal ein Gläschen Wein trinken zu können – und bald darauf wieder voll in der Suchtfalle steckt.

Ich machte wieder haufenweise Geld – und wurde wieder unzufrieden. Die Ironie beim Reichtum ist, dass man *nie* zufrieden ist, egal wie viel Geld man hat. Wenn du arm bist, beneidest du alle anderen Menschen um dich herum, die auch nur ein bisschen mehr haben. Du denkst: Wenn ich erst reich bin, dann werde ich glücklich und zufrieden sein. Sobald du aber tatsächlich reich geworden bist, ist das Glück nur von kurzer Dauer. Du findest immer noch jemanden, der *noch* ein schickeres Haus, *noch* ein dickeres Auto hat, und du bist noch immer unzufrieden, wenn du nicht sogar noch unzufriedener wirst. Es scheint eine psychologische Gesetzmäßigkeit zu sein, dass Besitz dazu führt, noch mehr zu wollen. Je mehr man hat, desto gieriger wird man, noch mehr zu haben.

Die Frage ist: Wann ist man jemals mit dem Geld zufrieden, das man hat? Die Antwort ist: Nie! Nie, solange du nicht dein Verhältnis zum Geld grundsätzlich hinterfragst und zum Positiven wendest."

Mit einer kleinen Kunstpause gab André Dennis die Gelegenheit, diesen Gedanken wirken zu lassen, bevor er fortfuhr:

„Es gibt eine sehr schöne tibetanische Lebensweisheit, die das wunderbar auf den Punkt bringt:

Reich ist derjenige, der weiß, dass er genug hat.

Lass diesen Satz mal auf der Zunge zergehen und spüre, welche tiefe Bedeutung darin steckt."

Er schwieg, und die beiden liefen eine Weile lang wortlos ihres Weges. Schließlich sagte Dennis:

„Du hast recht. Der Satz hat viel Wahres. Ich meine, wen man es recht bedenkt: Ich habe genug zu essen, ich habe eine Wohnung, ich habe gute Kleidung, und ich kann es mir leisten, eine Reise zu machen und auf dem Jakobsweg zu wandern. Das ist schon eine ganze Menge… Ich meine… du hattest ja von den notleidenden Menschen auf der Welt gesprochen, die du mit deinen Projekten unterstützt. Im Vergleich zu denen leben wir ja geradezu im Luxus. Also, du ja sowieso. Aber ich meine, der Durchschnittsmensch in Deutschland lebt im Vergleich zu vielen Menschen in ärmeren Ländern wie im Schlaraffenland."

„Ganz genau! Wenn du diesen Satz zu Ende denkst, dann bedeutet er nichts weniger als dies: Sagen wir, du hast einen Millionär, der durch sein Leben hetzt, kaum Zeit hat, sein Geld auszugeben und nur dafür lebt, die nächste Million zu verdienen. Und auf der anderen Seite hast du einen ehrlichen Tischler, der sein Tagwerk mit Leidenschaft verrichtet, nach Feierabend zu seiner Familie zurückkehrt, mit ihr eine gute Zeit hat und froh ist über das, was er hat. Die Frage ist: Wer ist reicher von den beiden? Wenn du nur von der Zahl ausgehst, die auf dem Kontoauszug steht, dann ist es natürlich der Millionär. Wenn es aber um Zufriedenheit und Lebensgefühl geht, dann hat der Handwerker die Nase vorn.

Es ist kurz gesagt einfach nur eine Frage, wie man Reichtum definiert. Wenn du Zufriedenheit finden willst, dann hast du genau zwei Stellschrauben: Entweder du erhöhst dein Einkommen, oder du überdenkst deine Erwartungen an das Leben. Es ist ja fast schon ein Klischee, aber tatsächlich scheint es so zu sein, dass viele buddhistische Mönche ein glückliches Leben führen. Sie sind mit sich und der Welt im Reinen – und das, obwohl sie nicht nur nichts besitzen, sondern sogar für ihr Essen betteln gehen."

„Stimmt."

„Auch weiß man von vielen Naturvölkern, die in ärmlichsten Verhältnissen leben, dass sie glückliche Menschen sind und in der Gemeinschaft und dem friedlichen Zusammensein ein tiefes urtümliches Glück finden. Viele von ihnen wissen nicht einmal, was Gold ist, und haben vielleicht noch nie einen Geldschein gesehen. Wozu auch? Sie haben ja alles, was sie brauchen, um glücklich zu sein."

„Willst du also damit sagen, dass man am besten in Armut und Askese lebt, um glücklich zu werden?"

„Nein, das natürlich nicht. Ich will damit nur sagen, dass wir es mit unserer eigenen Einstellung zum Geld in der Hand haben, wie wir uns damit fühlen.

Der größte Fehler ist wohl, sich mit anderen Menschen zu vergleichen, die mehr haben – und dann neidisch zu werden. Denn wenn du das tust, wirst du dich *immer* arm fühlen, ganz egal wie viel Geld du hast. Denn es gibt immer jemanden, der noch mehr hat."

„Absolut wahr..."

„Um noch einmal auf die tibetanische Weisheit zurückzukommen: Die Raffinesse dieses Gedankens besteht darin, zu *wissen*, dass man genug hat. Reichtum folgt aus *Wertschätzung*. Wenn ich zu schätzen weiß, was ich habe, dann messe ich ihm damit einen Wert bei. Der Wert entsteht also nicht aus der Zahl, die auf dem Geldschein steht, sondern der Wert entsteht aus der *Wertschätzung*, die ich den Dingen gebe."

Wieder gingen die beiden schweigend den Weg entlang.

„Das klingt alles sehr einleuchtend", griff Dennis den Faden auf, „trotzdem überlege ich mir, was wohl ein Geringverdiener oder Bürgergeld-Empfänger von diesem Gedanken halten würde. Was willst du dem erzählen?"

„Naja, es ist wohl etwas vermessen, wenn ich aus meiner Position heraus solchen Menschen kluge Ratschläge gebe. Andererseits darfst du natürlich nicht vergessen, dass ich selbst meine ganze Kindheit so verbracht habe. Ich weiß, was es bedeutet, in bitterer Armut zu leben. Ich werde nie vergessen, wie oft meine Mutter heimlich aus Existenzangst geweint hat. Und ich werde auch nicht vergessen, wie ich meine Mitschüler im Eiscafé habe sitzen sehen, wie sie fröhlich ihre schicken Eisbechern löffelten, während meine Mutter mit Bitterkeit sagte, dass wir uns solchen Luxus nicht leisten könnten."

Dennis nickte.

„Kurz: Ich weiß, was es bedeutet, existenzielle Sorgen zu haben. Woran ich allerdings immer denken muss, sind die Zustände, die in anderen Ländern herrschen. Bei uns muss niemand auf der Straße oder in Slums dahinvegetieren.

„Was ist mit Obdachlosen?"

„Das sind besondere Schicksale von Menschen, die spezielle Probleme haben wie Suchterkrankungen, massive psychische Störungen und Ähnliches. Der Sache nach muss tatsächlich niemand auf der Straße leben. Immerhin gibt es Bürgergeld. Niemand verhungert hierzulande. Wer Schulden hat, kann eine öffentliche Schuldnerberatungsstelle aufsuchen und Hilfe finden. Wem die Schulden über den Kopf gewachsen sind, der kann Privatinsolvenz anmelden und so schuldenfrei werden. Wer wegen seiner finanziellen Situation Ängste und Depressionen hat, kann sich therapeutische Hilfe suchen. Wer krank wird, hat Anspruch auf ärztliche Versorgung.

Das sind Dinge, die alles andere als selbstverständlich sind. Selbst den Ärmsten hierzulande geht es besser, als sehr vielen Menschen in anderen Teilen der Welt. Sogar in den USA haben arme Menschen nicht annähernd soviel staatliche Hilfe wie hierzulande. Viele haben dort nicht einmal eine Krankenversicherung.

Ich will damit nicht sagen, dass Menschen mit wenig Geld sich mal nicht so anstellen sollen. Davon bin ich weit entfernt. Ich weiß, wie schwer es viele Menschen haben, und ich weiß, wie sehr sie sich abrackern müssen. Ich will nur darauf hinaus, dass die tibetanische Lebensweisheit auch für diese Menschen Geltung finden kann.

Ein Freund von mir hatte mal eine Pleite hingelegt. Unglücklicherweise hatte er es versäumt, es wie das Eichhörnchen zu machen und vorher eine Nuss zu verstecken. Er verlor buchstäblich alles: das Haus, das Auto und sämtliche Wertgegenstände. Alles ging an den Insolvenzverwalter. Zu meiner Verwunderung ließ er sich davon nicht im geringsten unterkriegen. Er lebte eine Weile auf Sozialhilfeniveau, und trotzdem bewahrte er sich eine grundsätzlich positive Haltung zu allem. Er hatte auch in dieser schwierigen Zeit immer ein Lächeln im Gesicht und verstand es, aus dem bisschen, was er hatte, das Beste zu machen. Er spielte mit seinen Kindern im Park, las gute Bücher, machte Spaziergänge und ließ sich nicht unterkriegen.

Es dauerte nicht allzu lange, und er hatte sich wieder etwas aufgebaut. Kein Wunder bei dieser positiven Haltung. Ich fand das sehr bemerkenswert, und ich finde, das ist ein ausgesprochen inspirierendes Beispiel dafür, dass man auch aus den schwierigsten Verhältnissen das Beste machen kann. Es kommt eben darauf an, sich nicht darauf zu konzentrieren, was man alles *nicht* hat und was man alles *nicht* tun kann, sondern sich darauf zu konzentrieren, das, was man *hat* und was man tun *kann*, bewusst zu genießen um sich zu freuen, denn es könnte alles viel schlimmer sein. Man könnte einen Verkehrsunfall haben und im Rollstuhl landen oder durch ein Unglück ein Kind verlieren oder was es sonst noch für üble Schicksale gibt. Eine Weile lang von Sozialhilfe leben zu müssen, ist relativ gesehen sicherlich nicht das schlimmste Schicksal."

„Wohl wahr."

„Der Philosoph Seneca fasste das in einem schönen Satz zusammen:

Nicht wer zu wenig hat, ist arm, sondern wer mehr begehrt.

Daraufhin schwieg André, und Dennis dachte über diesen Satz nach. Schließlich setzte André wieder an:

„An anderer Stelle hat er diesen Gedanken so formuliert:

Den größten Reichtum hat, wer arm an Begierden ist.

Dass er Recht hat, habe ich in meinen schmerzlichen Krisen auf die harte Art lernen müssen."

„Tja... und auf jeden Fall ist das ein sehr tröstlicher Gedanke. Wer war nochmal Seneca?"

„Seneca, genauer gesagt Lucius Annaeus Seneca, war ein römischer Philosoph, Schriftsteller und Staatsmann und lebte im ersten Jahrhundert nach Christus. Er ist einer der berühmten Stoiker, also ein

Philosoph der sogenannten Stoa. Der Begriff *stoische Ruhe* kommt daher."

„Ja, stimmt, ich erinnere mich dunkel. Was heißt Stoa?"

„Stoa ist das griechische Wort für Säulenhalle. Die philosophische Denkrichtung wurde begründet von Zenon von Kition, und er war dafür bekannt, dass er seine Lehrtätigkeit in einer solchen Säulenhalle in Athen ausführte."

„Ah, okay."

„Für Seneca war es das höchste Ziel, Seelenruhe zu finden. Bei ihm hieß das damals Ataraxia. Heute würde man sagen: Gelassenheit."

„Ja, davon könnte ich auch mehr gebrauchen. Und wie bekommt man die laut Seneca?"

„Seneca betonte, dass wahre Seelenruhe nicht von äußeren Umständen abhängig ist, sondern von der inneren Haltung eines Individuums. Seneca glaubte, dass die meisten Menschen durch ihre eigenen Leidenschaften, Begierden und Ängste unglücklich werden. Er argumentierte, dass wahres Glück nicht durch den Besitz materieller Güter oder das Erreichen äußerer Ziele erlangt wird, sondern durch die Kontrolle über die eigene innere Einstellung und die Akzeptanz des Schicksals. Er betonte die Wichtigkeit der Vernunft, der Selbstbeherrschung und der Tugend als Grundlagen für die Erreichung der Seelenruhe."

André machte eine Pause, und so hatte Dennis Gelegenheit, diese Gedanken sacken zu lassen. Nach einer Weile fuhr André fort:

„Ein weiterer Aspekt von Senecas Philosophie ist die Betonung der Vergänglichkeit des Lebens. Er war der Meinung, dass Menschen, die sich bewusst machen, wie kurz und unsicher das Leben ist, mehr Wertschätzung für den gegenwärtigen Moment entwickeln und weniger von Ängsten und Sorgen geplagt werden. Seneca selbst versuchte, seine Philosophie in die Praxis umzusetzen, indem er ein einfaches und asketisches Leben führte."

„Erstaunlich, wie gut du das alles parat hast."

„Ich habe Seneca gelesen in der Zeit, als ich in meiner zweiten Krise steckte, und seine Gedanken haben mich sehr geprägt und vorwärts gebracht. Deswegen werde ich seine Philosophie so leicht nicht vergessen."

Sie gingen eine Weile schweigend weiter, bis sie in ein Örtchen mit dem schönen Namen Itero de la Vega kamen. Hier gönnten sie sich ein kleines Mittagessen und setzten dann ihre Wanderung fort. Nachdem sie eine Weile geplaudert hatten, sagte Dennis:

„Wo wir vorhin so viel über Geld gesprochen haben, und wo ich jetzt schon mal die Chance habe, mit einem Milliardär zu reden, würde mich ja doch interessieren, ob du nicht den ein oder anderen Tipp für mich hast, wie man sein Geld auf schlaue Art vermehren kann."

André musste lachen:

„Wenn ich jetzt gemein wäre, würde ich sagen, dass du mir überhaupt nicht richtig zugehört hast."

Dennis lachte peinlich berührt.

André fuhr fort:

„Aber ich habe nur einen Scherz gemacht. Natürlich ist deine Frage absolut berechtigt. Wie ich ja schon sagte: Geld an sich ist weder schlecht noch gut, und somit ist es auch nicht prinzipiell verkehrt, wenn man versucht es zu vermehren. Der entscheidende Gedanke dabei ist: Geld sollte nicht *zu wichtig* sein. Wenn ich zu wenig davon habe und Angst haben muss, dass ich meine Rechnungen nicht mehr bezahlen kann, dann wird das Geld viel zu wichtig. Folglich ist die beste Grundlage dafür, dass das Geld nicht zu wichtig wird: welches zu haben."

„So weit, so einleuchtend", sagte Dennis.

„Ich weiß, das ist keine überraschende Erkenntnis. Aber eine ganze Menge Leute halten sich nicht daran. Denn um Geld zu haben, muss man sparen, und das ist nicht gerade jedermanns Sache. Im Gegenteil. Viele neigen dazu, ihr Einkommen bis zur Grenze auszureizen – oder sogar darüber hinaus: Sie machen Schulden. Und das ist ganz schlecht, weil Schulden toxisch sind für den Seelenfrieden.

Mein damaliger Mentor, der Immobilienmakler, hatte mal gesagt: Man muss es machen wie ein Eichhörnchen und immer irgendwo eine Nuss versteckt haben."

Dennis musste lachen.

„Er meinte damit: Es ist gut für das eigene Wohlbefinden und für das Gefühl von Sicherheit, wenn man einen bestimmten Betrag Geld irgendwo versteckt, zum Beispiel im Safe, in einem Bankschließfach oder notfalls auch unter der Matratze. Geld, von dem niemand etwas weiß und auf das man in schlechten Zeiten zurückgreifen kann. Dieses Geld dient nicht dazu, sich irgendwann einen Wunsch zu erfüllen, sondern es ist wirklich ausschließlich für Notfälle gedacht."

„Und wie viel soll das sein?"

„Rechne dir aus, wie viel Bargeld du brauchst, um – sagen wir – sechs Monate über die Runden zu kommen. Das ist dann die Nuss, die du verstecken solltest. Wenn du mit einer Firma scheiterst, Insolvenz anmelden musst, deinen Job verlierst oder sonst irgendwelche unvorhergesehenen Dinge passieren, dann hilft dir diese Nuss aus der Patsche. Und um dieses Geld zu haben, musst du eben sparen. Sobald du diese Nuss besitzt, musst du dir über Geld keine großen Sorgen mehr machen, und es wird nicht mehr zu wichtig. Das ist der entscheidende Effekt dabei."

„Ich gebe zu, Sparen ist nicht mein Spezialgebiet."

„Meins war es früher auch nicht. Mein Mentor gab mir damals den Tipp, das Sparen einfach mal aus einer etwas anderen Perspektive zu betrachten. Er sagte: 'Nenn es nicht Sparen, sondern nenne es: dich selbst bezahlen.' Schließlich gibst du im Laufe eines Monats eine Menge Geld aus, das du anderen Leuten gibst: Dem Vermieter, der Energiegesellschaft, dem Ladeninhaber. Nur du selbst kommst dabei zu kurz. Also bezahle dir selbst am Anfang des Monats einen festen Betrag, sagen wir zehn Prozent, deines Nettoeinkommens und leg ihn irgendwo sicher beiseite."

„Okay. Ich schätze, ich werde mal anfangen, etwas mehr zu sparen als bisher."

„Ich kann dir dazu gerne ein paar konkrete Tipps geben."

„Das würde mich interessieren."

„Okay. Aber erstmal würde ich gerne den Gedanken zu Ende bringen. Sobald du also diesen Betrag beisammen hast, der dir als Sicherheit dient, hörst du nicht auf zu sparen, sondern du machst weiter und bezahlst dir weiterhin zehn Prozent deines Nettogehalts selbst. Am besten richtest du dafür ein zweites Konto ein. Und das Geld, das du nun zusammensparst, ist dein Kapital. Dieses Kapital kannst du investieren und es dadurch vermehren."

„Und wie? Ich meine, ich weiß, was ein Sparbuch ist und habe auch schon von Aktien gehört, aber so richtig habe ich mich bisher nicht damit befasst."

„Es gibt eine ganze Reihe von Möglichkeiten, wie du Geld investieren kannst. Um das richtig zu machen und nicht allzu große Risiken einzugehen, musst du dich gut auskennen. Das heißt, du musst dir eine Menge Fachwissen aneignen, Bücher und Fachzeitschriften lesen. Und dann musst du die Finanzmärkte beobachten und gute Investitionsmöglichkeiten ausfindig machen."

„Das klingt nach Stress."

„Ja, zumindest kann es in Stress ausarten. In jedem Fall erfordert es viel Zeit und Energie, die man zusätzlich zum Geld investieren muss. Ich persönlich mache das mit viel Freude, weil es mich einfach interessiert und es sozusagen eine Art Hobby von mir geworden ist. In deinem Fall ist die Frage, ob sich dieser Aufwand überhaupt lohnt. Denn ich nehme mal an, dass die Beträge, die du zum Investieren zur Verfügung hast, eher überschaubar sind."

„Leider!“, lachte Dennis.

„Nun, es gibt eine Anlagemöglichkeit, die vergleichsweise unkompliziert ist und die recht gute Renditen erwirtschaften kann. Allerdings muss ich direkt sagen: unter Vorbehalt.“

„Was ist das für eine Anlageform?“

„Hast du schon mal von ETFs gehört?“

„Von was? Nein.“

„Und was weißt du über Aktien?“

„Nicht wirklich viel. Fang am besten bei Adam und Eva an.“

„Also gut“, lachte André, „Firmen benötigen Geld, um zu investieren und zu wachsen. Sie müssen zum Beispiel neue Produktionsmaschinen und Lagerhallen bauen, mehr LKWs kaufen und so weiter. Es gibt prinzipiell zwei Möglichkeiten für sie, Geld aufzutreiben. Die eine Möglichkeit ist, sich Geld zu leihen und dann mit Zinsen zurückzuzahlen. Das sind sogenannte Anleihen. Du als Anleger könntest dann solche Anleihen kaufen und mithilfe der Zinsen Geld verdienen. Das ist dann deine Rendite.

Die zweite Möglichkeit sind Aktien. Das bedeutet, das Unternehmen verkauft Anteile, und du erwirbst solche Anteile – die Aktien. Für dich ist das in zweierlei Hinsicht interessant: Einmal kannst du bei manchen Aktien Gewinnausschüttungen bekommen. Das bedeutet: Wenn die Firma gute Gewinne gemacht hat, gibt sie einen Teil dieser Gewinne an die Aktionäre weiter, und das nennt man dann Dividende. Die andere Art, von Aktien zur profitieren, ist: sie mit Gewinn wieder weiterzuverkaufen. Nehmen wir an, du kaufst eine Aktie der Firma Siemens zu einem Kurs von 150 Euro. Wenn du Glück hast, steigt der Kurs, und die Aktie ist ein Jahr später 180 Euro wert. Wenn du sie dann verkaufst, hast du 30 Euro Gewinn gemacht, also 20 Prozent.

Nun ist das Investieren in Aktien natürlich mit Risiken verbunden, denn die Kurse können auch genauso gut fallen. Dieses Risiko kannst du ein bisschen reduzieren, indem du nicht nur Aktien von einer einzigen Firma kaufst, sondern gleich von mehreren. Das nennt man dann *Diversifizieren*. Um erfolgreich mit Aktien zu handeln, musst du viel Zeit und Energie investieren. Du musst dich gut informieren, um vielversprechende Aktien auszuwählen, und dann musst du dein Portfolio pflegen und immer man nach dem Rechten sehen."

„Und das bedeutet wieder Stress."

„Wenn du das vermeiden willst, hast du eine andere Möglichkeit: Du kaufst Fonds-Anteile. Stell dir das einfach vor als einen schönen Präsentkorb voll mit Aktien. Solche Fonds werden von speziellen Fondsgesellschaften herausgegeben. Jetzt kaufst du nicht Anteile an Firmen, also Aktien an sich, sondern du kaufst Anteile an diesem Präsentkorb.

Die Fonds-Manager haben die Aufgabe, diese Aktien gut auszuwählen und den Fonds so zu organisieren, dass er möglichst viel Gewinn abwirft. Das heißt: Du delegierst den ganzen Stress an den Fondsmanager. Dafür kriegt er natürlich seine kleine Provision, aber dafür bekommst du eine unkomplizierte Geldanlage.

Nun gibt es eine ganze Menge verschiedener Fonds. Manche spezialisieren sich auf bestimmte Länder, dann sind zum Beispiel nur Aktien aus Japan, China oder Brasilien in diesem Korb enthalten. Oder sie konzentrieren sich vielleicht auf bestimmte Branchen. Dann hast du etwa einen Aktienfonds zum Thema 'Erneuerbare Energien', 'Biotechnologie' oder auch 'Automobilindustrie'. Es gibt eine unüberschaubare Anzahl von verschiedenen Fonds. Manche haben größere Gewinnmöglichkeiten und somit auch größere Risiken, und manche sind stabiler, bringen aber auch nicht ganz so große Gewinnchancen. Da du nachts gut schlafen willst, wirst du eher auf einen stabilen Fonds setzen. Und da bieten sich die sogenannten ETFs an. ETF – das steht für *Exchange Traded Funds*."

„Und was ist das genau?"

„Nun, du hast doch bestimmt mal vom DAX gehört. Weißt du, was das ist?"

„Ein Aktienindex?"

„Richtig. Und was bedeutet das genau?"

„Tja, da muss ich schon passen."

„Okay, also was ist ein Aktienindex? Ein Aktienindex dient dazu, die allgemeine Stimmung und Marktlage an den Börsen abzubilden. Dazu wird nach einem bestimmten Rechenverfahren ein Durchschnittswert errechnet aus den Kurswerten der größten und solidesten Unternehmen eines Landes. Der DAX bildet die 40 größten Unternehmen in Deutschland ab, deren Durchschnittswert ermittelt wird. Steigt der DAX, dann ist das ein Zeichen dafür, dass der deutsche Aktienmarkt insgesamt nach oben geht, und beim fallenden DAX sieht es entsprechend anders aus.

Es gibt auch noch etwa den Dow-Jones-Index, der den amerikanischen Aktienmarkt abbildet, oder auch den Nikkei-Index für den japanischen Markt, den Eurostoxx 50 für Europa und so weiter. Ein ETF nun ist ein Fonds, der einen solchen Aktienindex exakt nachspielt. Wenn du zum Beispiel in einen DAX-ETF investierst, dann hast du in diesem Präsentkorb Anteile der 40 größten und solidesten deutschen Unternehmen. Und damit ist der gesamte Präsentkorb ziemlich stabil und vertrauenswürdig. Langer Rede kurzer Sinn: ETFs bieten eine komfortable Anlagemöglichkeit für Menschen, die Besseres zu tun haben, als ständig die Telebörse zu glotzen und ihre Nase in Finanzmagazine zu stecken."

Dennis lachte:

„Das bin ich! Und wie genau stelle ich das nun an?"

„In deinem Fall würde ich dir zu einem Fonds-Sparplan raten."

„Was ist das schon wieder?"

„Du erwirbst jeden Monat mit deinen zehn Prozent Sparsumme Anteile an so einem ETF. Die Kurse der Aktien, und damit auch der Kurs des Fonds, unterliegen Schwankungen. Aber dadurch, dass du über einen längeren Zeitraum monatliche Beträge investierst, ergibt sich auf lange Sicht ein Durchschnittswert, und die Schwankungen werden dadurch langfristig ausgeglichen. Man nennt das auch den Cost Average Effect. Also den Kosten-Durchschnittseffekt. Langfristig kannst du bei so einem Fonds mit einer Rendite von acht bis zwölf Prozent rechnen. So zumindest ist der Durchschnittswert der vergangenen Jahrzehnte. Das ist natürlich deutlich mehr als du auf jedem Sparbuch bekommen würdest."

„Okay, das klingt doch alles sehr vernünftig und vielversprechend. Aber du hattest am Anfang von einem Vorbehalt gesprochen. Welchen meinst du?"

„Richtig. Diese Empfehlung würde ich dir unter *normalen* Umständen mit gutem Gewissen geben. Leider sind die Umstände momentan nicht normal."

„Inwiefern?"

„Einfach gesagt sind die Finanzmärkte momentan außer Rand und Band. Nichts ist so, wie es gewöhnlich war. Du erinnerst dich vielleicht an die große Finanzkrise von 2008/2009, die sogenannte Lehman-Krise. Damals sind viele große Banken in Schwierigkeiten geraten, und das gesamte Finanzsystem drohte zu kollabieren. Um das zu verhindern, haben die Notenbanken große Mengen Geld ins System gepumpt. Außerdem haben sie die Leitzinsen massiv gesenkt, und dieses niedrige Zinsniveau hat sich über viele Jahre gehalten. Die Folge davon sind nun stark gestiegene Aktienkurse und Immobilienpreise. Viele Experten sagen daher, dass wir es auf diesen Märkten wieder mit Blasen zu tun haben, die jederzeit platzen könnten. In diesem Fall würden deine ETF-Anteile rapide an Wert verlieren."

„Verstehe... zumindest den letzten Satz."

„Und der war ja auch der wichtigste!", lachte André. „Soll ich das noch weiter ausführen?"

„Versuchs mal."

„Okay. Darüber hinaus haben die niedrigen Zinsen dazu geführt, dass Banken allzu locker Kredite vergeben haben, und viele dieser Kredite sind vom Ausfall bedroht, weil die Leute die Raten nicht mehr bezahlen können – wegen der Inflation und der steigenden Lebenshaltungskosten. Auch in diesem Bereich droht Ungemach. Denn wenn zu viele Kredite ausfallen, können ganze Banken pleite gehen – so wie damals 2008/2009."

„Und was hat das mit den Aktien zu tun?"

„Nun, damals in der Lehman-Krise ist genau das passiert: Kredite fielen aus, und Banken gingen pleite. So auch das Bankhaus Lehman Brothers, eine der größten Banken der Welt. Die Folge dieser Bankenpleiten war, dass sich die Banken untereinander kein Geld mehr liehen, weil jeder befürchtete, das Geld nicht zurückzubekommen. Die Konsequenz war eine sogenannte Kreditklemme."

„Bitte was?"

„Das ganze Wirtschaftssystem kann nur existieren, weil sich die Banken ständig untereinander Geld zur Verfügung stellen. Wenn das nicht mehr passiert, kommt das ganze Finanzsystem ins Stocken. Firmen, die ihre Lieferanten und Mitarbeiter bezahlen müssen, haben plötzlich keinen Zugriff mehr auf Kredite und sind gezwungen, Vermögenswerte zu verkaufen, um so an Geld zu kommen. Wenn das im großen Stil passiert und viele Investoren plötzlich Aktien verkaufen müssen, dann fallen die Kurse. Und das ist 2008/2009 passiert: Die Folge war ein Börsencrash."

„Okay, ich glaube, das habe ich so einigermaßen kapiert."

„So, und heutzutage haben wir es wieder mit enorm vielen ausfallgefährdeten Krediten zu tun. Daher sagen viele Experten, dass die Lehman-Krise sich bald wiederholen könnte."

„Klingt bedenklich."

„Genau. Stell dir also vor, dass wir es momentan weltweit mit einer Vielzahl von solchen Blasen zu tun haben: Wir haben Blasen an den Aktienmärkten, in den Immobilienmärkten, an den Anleihenmärkten, die gesamte chinesische Wirtschaft ist eine einzige riesengroße Blase. Viele Firmen, Banken und Volkswirtschaften stehen kurz vor der Pleite. Mit einem Wort: das ganze Wirtschaftssystem ist in einem angespannten Zustand. Es gibt einige Leute, die davor warnen, dass dieser Zustand nicht ewig so weitergehen kann und dass wir mit einem Kollaps rechnen müssen, und zwar einem, der den Dotcom-Crash von 2000 und die Lehmankrise 2008/2009 weit in den Schatten stellen könnte."

„Wirklich. Wer sagt das?"

„Naja, es gibt da die sogenannten Crash-Propheten, die ständig warnen – und entsprechende Finanzprodukte zum Verkauf anbieten, die angeblich Sicherheit gegen einen solchen Crash versprechen."

„Also Scharlatane."

„Vielleicht. Es gibt aber auch eine Reihe ernstzunehmender Wirtschaftswissenschaftler, die solche Warnungen aussprechen. Natürlich kann niemand sagen, ob und wann so ein Kollaps tatsächlich stattfindet. Aber es ist Spannung im System, und die Zeiten sind daher speziell. Wenn ich dir also rate, in Aktienfonds zu investieren wie die ETFs, dann unter dem Vorbehalt, dass du zur Zeit ein nicht unerhebliches Risiko eingehst."

„Aber Moment mal kurz", sagte Dennis, „du meintest doch, dass du damals 2000 vom Platzen der Dotcom-Blase profitiert hast, weil du dein Geld rechtzeitig von den Aktien abgezogen hast und dann, als die Kurse niedrig waren, wieder investiert hast."

„Richtig. Ich sehe, du hast gut zugehört."

„Ist das denn momentan nicht genau so eine Situation? Ist das nicht auch eine riesige Chance?"

„Im Grunde genommen schon", erwiderte André. „Aber ich finde es in diesem Fall sehr schwierig, einzuschätzen, was wann wie passieren könnte. Denn dieser angespannte Zustand geht jetzt schon seit einigen Jahren, und es scheint, dass das, was früher galt, heutzutage nicht mehr in dem Maße gilt. Die Zeiten sind verrückt und die Verhältnisse im Finanzsystem sind kompliziert."

„Und das heißt was? Wie hast *du* dein Vermögen momentan angelegt? Und wie wirst du damit jetzt umgehen?"

„Nun, generell gilt: Größere Summen sollte man immer in viele unterschiedliche Anlageformen verteilen. Du kennst das Prinzip schon: Diversifizieren. Es gibt dazu einen schönen Spruch, der lautet: *Gut gestreut, nie bereut.* Das heißt konkret: Ich habe mein Vermögen angelegt in Firmenbeteiligungen, Aktien, Anleihen, Immobilien, außerdem besitze ich Wald und Ackerland, und ein Teil meines Geldes ist investiert in Gold, Silber und Rohstoffe. Wenn es in irgendeinem dieser Bereiche einen Crash gibt, dann ist der Rest des Vermögens davon nicht betroffen.

Da ich in nächster Zeit mit starken Kursverlusten an den Aktienmärkten rechne, habe ich mich persönlich dafür entschieden, den Anteil meiner Aktieninvestments zu reduzieren und in sicherere Anlageformen zu überführen, also etwa in Anleihen. Denn das hast du vielleicht mitbekommen: Seit einiger Zeit steigen die Zinsen wieder. Und damit sind Anleihen auch wieder als Anlageform interessanter geworden. Der Nachteil ist allerdings, dass wir zurzeit eine hohe Inflation haben, und das wiederum bedeutet, dass die Zinserträge von der Inflation mehr als aufgefressen werden. Das heißt, trotz gestiegenen Zinsen wird dein Geld immer weniger wert, je länger du es in Anleihen oder auf einem Sparkonto parkst.

Hinzu kommt, dass manche Leute glauben, dass der Euro als Währung langfristig nicht stabil bleiben wird. Kritiker sagen, dass das Eurosystem früher oder später zusammenbrechen könnte. Das Geld würde rapide an Wert verlieren, und eine Währungsreform könnte die Folge sein. Bei der Währungsreform in Deutschland nach dem Zweiten Weltkrieg sind 90 Prozent der Geldvermögen auf diese Weise verloren gegangen."

„Puh, mir qualmt schon ein bisschen der Schädel. Ich kann nicht behaupten, dass ich das alles wirklich verstehe, was du da erzählst. Aber was ich heraus höre: Das alles klingt nicht gerade besonders erfreulich."

„Ja, das stimmt wohl. Aber das ist natürlich kein Grund, in Panik zu geraten. Ich möchte dich einfach nur auf die bestehenden Risiken hinweisen und dir sagen, dass Geld investieren heutzutage ein Glücksspiel ist. Oder besser gesagt: mehr als es sowieso immer ist."

„Tja, okay, und was bedeutet das konkret?"

„Wenn du jetzt gerade eine große Summe Geld rumliegen hättest – zum Beispiel wegen einer Erbschaft – dann würde ich dir davon abraten, einen großen Teil davon in Aktien oder Aktienfonds zu investieren."

„Ist leider nicht der Fall."

„Deswegen würde ich dir empfehlen, zunächst einmal deine Nuss für schlechte Zeiten zusammenzusparen und vorläufig überhaupt nicht in Aktien oder Fonds wie die ETFs zu investieren. Damit bist du ja vermutlich ohnehin eine Weile beschäftigt."

„Das stimmt."

„Du wartest also erst einmal ab. Das Geld, das du so zusammen sparst, könntest du sicherheitshalber zum Teil in Gold- und Silbermünzen investieren. Denn sollte es zu einer galoppierenden Inflation oder sogar zu einem Zusammenbruch des Euros und einer Währungsreform kommen, dann hast du immer noch dein Edelmetall. Gold und Silber haben sich im Laufe der Jahrhunderte als sicherer und stabiler Wertspeicher bewährt."

„Gold *und* Silber? Warum das?"

„Damit du auch etwas hast, was du in Notzeiten als Zahlungsmittel einsetzen kannst. Gold ist ein guter Wertspeicher, aber auch ein sehr konzentrierter. Eine Goldmünze mit einem Gewicht von einer Unze kann gut und gerne um die 2.000 Euro wert sein, je nach Kurs. Das ist eher weniger geeignet, um damit beim Bäcker die Brötchen zu bezahlen. Eine Unze Silber liegt hingegen bei etwa 30 Euro."

„Okay, verstehe."

„Gehen wir also davon aus, dass du eines Tages deine Notnuss-Summe zusammengespart hast. Das darüber hinausgehende Geld willst du nun gewinnbringend anlegen. Wenn dann irgendwann der nächste Crash an den Aktienmärkten kommt, beziehungsweise wenn die Kurse deutlich runter gehen, dann ist ein guter Zeitpunkt gekommen, um mit dem Fonds-Sparplan zu beginnen und monatlich Geld zu investieren. Wenn also zum Beispiel der DAX um mehr als 30 Prozent gefallen ist, dann startest du deinen Sparplan und beginnst, jeden Monat zehn Prozent deines Nettoeinkommens in einen ETF zu investieren.

Es kann gut sein, dass die Kurse erstmal noch weiter fallen, aber das muss dich nicht beunruhigen, denn der Cost Average Effect sorgt dafür, dass du langfristig durchschnittlich einen guten Kaufpreis hast. Früher oder später werden die Aktien wieder steigen und damit auch dein ETF. Solange du diese Anteile nicht zu niedrigen Kursen verkaufst, machst du auch keinen Verlust.

Generell ist das eine wichtige Regel: Du solltest niemals Geld in Aktien oder Fonds investieren, das du möglicherweise in nächster Zeit brauchen könntest. Denn dann hast du immer das Risiko, dass du zu einem ungünstigen Zeitpunkt verkaufen musst, also wenn die Kurse niedrig sind, und du dadurch Verluste machst. Investiere immer nur Geld in riskantere Anlageformen wie Aktien, wenn du sicher bist, dass du dieses Geld längerfristig liegen lassen und abwarten kannst, bis die Kurse gestiegen sind."

„Ach, jetzt verstehe ich! Deswegen die Nuss!"

„Ganz genau! Dieses Sicherheitspolster solltest du niemals in risikoreiche Anlagen investieren. Das muss immer sofort verfügbar sein. Erst, wenn du diesen Sicherheitsbetrag beisammen hast, kannst du anfangen, das darüber hinausgehende Geld zu investieren."

„Okay. Jetzt habe ich es begriffen."

„Und glaub mir, es lohnt sich durchaus, Geld zu sparen, denn es gibt ein ganz bestimmtes Sparziel, das dein Leben völlig verändern kann."

„Was ist das für ein Ziel?"

„Das erzähle ich dir beim nächsten Mal, denn dann möchte ich mit dir generell über das Thema Ziele reden."

„Okay. Ich bin sehr gespannt!"

9

An den folgenden zwei Tagen marschierten die beiden wieder unabhängig voneinander. Wie bereits die vorangegangenen Etappen führte auch dieser Wegabschnitt durch die Provinz Kastilien und León. Es ging durch teils hügelige, teils flache und karge Gegenden. Streckenweise hatte Dennis einen wunderbaren Ausblick auf das Kantabrische Küstengebirge. Dann wieder ging es kilometerweit entlang einer Autobahn, ein Streckenabschnitt, der wegen des Verkehrslärms wenig Meditatives hatte und Dennis einiges an Nerven kostete.

Schließlich erreichte er Sahagún, ein charmantes, geschichtsträchtiges Städtchen, das auf einer Anhöhe lag und das für seine gute Regionalküche bekannt war. Abends trafen Dennis und André wieder zusammen und gönnten sich eine wohlschmeckende Pilgermahlzeit.

Am folgenden Tag schließlich wanderten die beiden wieder gemeinsam. Ihr Ziel des Tages war die Ortschaft Reliegos. Dennis war neugierig, was André weiter zu sagen hatte. Daher knüpfte er an das letzte Gespräch an und sagte:

„Du hattest beim letzten Mal das Thema Ziele angerissen. Vor allem hattest du von einem ganz speziellen Sparziel gesprochen. Hast du Lust, mir heute ein bisschen mehr darüber zu erzählen?"

„Ja. Natürlich gerne! Das Prinzip, über das ich heute sprechen möchte, würde ich zusammenfassen mit dem Satz:

Setze dir *konkrete* Ziele und arbeite ernsthaft an ihrer Umsetzung, aber ohne dich dabei kaputt zu machen.

Fangen wir meinetwegen an mit dem besagten Sparziel. Dabei handelt es sich um ein Ziel, das dich beim Sparen gut motivieren kann, weil es dein Leben radikal verändern könnte."

„Was ist das für ein Ziel?"

„Stell dir folgendes Szenario vor: Du musst nie wieder arbeiten, weil jeden Monat wie von selbst Geld auf dein Konto fließt, von dem du leben kannst. Was würdest du dazu sagen?"

„Nehme ich."

André lachte und setzte hinzu:

„Und was würde das für dein Leben bedeuten?"

Dennis überlegte kurz und sagte:

„Keine Geldsorgen mehr und die totale Freiheit!"

„Richtig. Genau das ist es. Freiheit! Du wärest nicht mehr gezwungen, deine Zeit mit Erwerbstätigkeit zu verbringen und könntest dich ganz und gar auf die Tätigkeiten und Dinge konzentrieren, die dich *wirklich* interessieren, die dir Spaß machen oder die dein Leben mit Sinn erfüllen. Ist das ein erstrebenswertes Ziel?"

„Ja, allerdings. Aber es kommt mir auch reichlich unrealistisch vor."

„Zugegeben, es ist nicht leicht, dieses Ziel zu erreichen. Aber es ist auch nicht unmöglich. Nehmen wir an, du gehst von einem bescheidenen Lebensstil aus. Du hast eine nette Zweizimmerwohnung, kannst dir einmal im Jahr eine kleine Urlaubsreise leisten und auch dann und wann mal ins Kino gehen. Rechne dir einfach mal aus, wie viel Geld du dafür brauchst. Sagen wir der Einfachheit halber, du brauchst dafür

4.000 Euro im Monat, weil du davon ja auch deine Krankenversicherung bezahlen musst. Das bedeutet, du brauchst pro Jahr rund 50.000 Euro. Wenn wir jetzt voraussetzen, dass du mit Hilfe eines Aktienfonds durchschnittlich zehn Prozent Rendite pro Jahr erwirtschaften kannst, und rechnen wir sicherheitshalber noch ein bisschen Inflationsausgleich oben drauf, dann brauchst du rund 600.000 Euro, um von der Rendite leben zu können. Natürlich ist das kein Pappenstiel. Aber wenn man ein gutes Einkommen hat und sparsam lebt, ist dieses Ziel erreichbar. Das entspricht einem Einfamilienhaus in guter Lage, und es gibt eine ganze Menge Menschen, die es schaffen, diese Summe im Laufe von Jahrzehnten aufzubringen."

„Das stimmt."

„Natürlich würde ich dir nicht dazu raten, verbissen und unter Einsatz aller deiner Kräfte hinter diesem Ziel her zu hecheln. Ich möchte damit nur sagen, dass dieses Ziel dir eine gute Motivation sein kann, nicht zu verschwenderisch mit deinem Geld umzugehen und etwas beiseite zu legen. Sparen ohne ein konkretes Ziel macht nicht wirklich Spaß. Aber sparen für das Ziel, Freiheit zu erlangen, das ist gleich etwas ganz anderes, oder?"

„Allerdings! Das wäre schon was. Aber warum nicht auf ein Haus sparen? Wäre das keine gute Investition?"

„Das ist für viele Leute ein erstrebenswertes Ziel, und das ist auch okay so. Aber man sollte dabei eines nicht vergessen: Eine Immobilie, die man selbst bewohnt, ist keine Investition, sondern eine Verbindlichkeit."

„Was ist denn der Unterschied?"

„Eine Investition bedeutet: Du steckst dein Geld in eine bestimmte Anlageform, zum Beispiel in einen Aktienfonds, und dann fließt Geld in dein Leben hinein. Bei einer Verbindlichkeit passiert das Gegenteil: Du musst weiteres Geld hineinstecken. Wenn du ein Haus besitzt, musst du immer wieder Reparaturen bezahlen, den Garten pflegen, eventuell mal das Dach reparieren oder die Heizung, vielleicht musst du demnächst eine Wärmepumpe einbauen und so weiter.

Das heißt, das Haus, dass du besitzt, kostet dich immer auch zusätzliches Geld. Geld fließt aus deinem Leben hinaus. Ganz abgesehen davon bezahlst du ja auch Kreditzinsen, denn die wenigsten Leute können ein Haus direkt bar bezahlen. Kurz gesagt: Wenn du eine halbe Million für ein Haus ausgibst, dann besitzt du zwar das Haus, und es ist auch ein guter Wertspeicher, der dich vor der Inflation schützt, aber das kostet dich wie gesagt regelmäßig zusätzliches Geld. Wenn du dieselbe halbe Million klug investierst, dann hast du eine jährliche Rendite, von der du sogar beinahe leben könntest, die dir zumindest ein festes Grundeinkommen liefern würde.

Es ist vielleicht ein bisschen auch Typsache, welche der beiden Varianten man bevorzugt, aber Tatsache ist, dass die zweite Variante in vielen Fällen die lukrativere ist."

„Aber ich spare doch Miete, wenn ich im eigenen Haus wohne."

„Das stimmt wohl, aber zu zahlst stattdessen auch Kreditzinsen. In den letzten Jahren waren die zugegeben einigermaßen niedrig, aber diese Zeiten dürften jetzt wieder vorbei sein. Man kann es natürlich nie mit 100-prozentiger Gewissheit sagen, was in der Zukunft passieren wird. Aber je nach Zinsen, Wertentwicklung des Hauses auf der einen Seite und je nach Entwicklung deiner Geldanlagen auf der anderen Seite hast du mit der Variante Geld anlegen statt Haus kaufen den besseren Deal.

Ganz abgesehen davon gibt es ja auch noch die psychologische Dimension des Ganzen. Einen Hauskreditvertrag zu unterzeichnen bedeutet eine enorme Verpflichtung einzugehen. Das Haus bindet dich, und du bist gezwungen, die Kreditrate zu bedienen, no matter what. Du kannst nie sagen: Ich mache eine Auszeit und gehe für ein halbes Jahr nach Südostasien, weil es sich dort so billig leben lässt.

Wenn du mit einer Partnerin zusammen lebst, die sich auch an der Zahlung der Kreditraten beteiligt, seid ihr auf Gedeih und Verderb aneinander gekettet. Denn eine Trennung hätte in den meisten Fällen fatale finanzielle Auswirkungen. Vielen Menschen passiert es auch, dass sie die Kosten für Kreditrate und Instandhaltungskosten des Hauses unterschätzen und dann hausarm werden. Das bedeutet, dass ihnen vor lauter Abbezahlen des Kredits fast kein Geld mehr zum Leben bleibt. Und es gibt eine ganze Reihe von Menschen, bei denen der Traum vom Eigenheim scheitert, aus welchen Gründen auch immer. Meistens schaffen sie es nicht, die Kreditraten pünktlich zu bedienen, und irgendwann kündigt die Bank den Vertrag, das Haus wird zwangsversteigert, und du sitzt am Ende da ohne das Haus und mit einem Berg Schulden. Ein Albtraum.

Wenn du also einen Hauskreditvertrag unterzeichnet, dann schwebt immer dieses Damoklesschwert über deinem Kopf. Ich finde, dieser Traum ist ganz schön hoch bezahlt, gerade auf der psychischen Ebene."

„Ich finde diese Haltung ganz schön erstaunlich für jemanden, der sein Geld mit Immobilien verdient hat!"

„Ja", lachte André. „Ich habe meine Meinung im Laufe der Jahre verändert. Früher habe ich die Risiken eines Hauskaufs nicht so sehr im Blick gehabt. Erst im Laufe der Zeit habe ich mitbekommen, wie bitter das Schicksal von Leuten ist, deren Traum vom Eigenheim auf die harte Art platzt. Und in den letzten Jahrzehnten hatte ich es fast nur noch mit Luxusimmobilien und hochpreisigen Gewerbeimmobilien zu tun – also mit Kunden, um die man sich nicht so große Sorgen machen muss."

„Verstehe", lachte Dennis.

„Jungen Menschen wie dir, die einen hohen Kredit für ein Haus aufnehmen müssten, würde ich heute immer eher abraten."

„Okay, du hast mich überzeugt. Dann will ich lieber die halbe Million zusammensparen und in Aktien investieren."

„Da muss ich natürlich direkt dazu sagen: Wenn du mit solchen Summen hantierst, ist es zwingend notwendig, dass du dich wirklich gut mit Geldanlagen auskennst und dein Vermögen klug diversifizierst und die Märkte im Blick hast, denn du willst ja nicht, dass dein Vermögen beim nächsten Crash unter die Räder kommt."

Dennis nickte nachdenklich.

„Wie auch immer: Denken wir nochmal darüber nach, was es bedeutet, wenn du dieses Ziel erreichst und von den Renditen deines Kapitals leben kannst. Selbstredend hindert dich nichts daran, weiterhin zu arbeiten und Geld zu verdienen und dein Vermögen noch weiter auszubauen. Der entscheidende Unterschied ist dann aber, dass du nicht arbeiten *musst*, sondern es tatsächlich aus freien Stücken tust. Du musst dich nicht mehr auf faule Kompromisse einlassen. Du musst dich nicht mehr von einem cholerischen Chef übel behandeln lassen oder dich mit nervigen Kollegen herumplagen. Denn du kannst jederzeit kündigen, weil du nicht drauf angewiesen bist. Das heißt, dein Grundgefühl zur Arbeit – ja, zum ganzen Leben – verändert sich radikal, denn du kannst immer sagen: Ihr könnt mich alle mal. Du bist von niemandem abhängig.

Du kannst aber auch deine Zeit nutzen, um deinem liebsten Hobby nachzugehen, zum Malen, zum Musik machen oder was immer es ist. Du könntest auch auf Reisen gehen. Es gibt eine ganze Menge Länder, in denen die Lebenshaltungskosten und die Preise für Unterkunft so gering sind, dass du mit schmalem Budget eine ganze Weile lang herumreisen und dir einige hübsche Weltgegenden ansehen kannst. Zum Beispiel preiswerte Länder wie Griechenland oder auch Südostasien. In Ländern wie Thailand, Kambodscha, Laos oder Vietnam gibt es eine ganze Menge zu entdecken, und es kostet nen Appel und 'n Ei.

Oder aber du nutzt deine Zeit, um dich für andere Menschen einzusetzen. Du könntest dich in Hilfsorganisationen engagieren, bedürftigen Menschen helfen... deiner Fantasie sind keine Grenzen gesetzt."

„Tja, das klingt schon ausgesprochen verlockend, was du da erzählst."

„Das meine ich auch. Natürlich bedeutet so ein Sparziel, dass du vorläufig auf manche Dinge verzichten solltest, die dir vielleicht lieb geworden sind. Es wäre dann zum Beispiel ratsam, ein kleineres Auto zu fahren oder sogar ganz auf ein Auto zu verzichten, denn Autofahren verbrennt eine ganze Menge Geld – ganz abgesehen davon ruiniert es auch das Klima.

Und was bedeutet schon ein teures Auto? Wie ich dir ja schon erzählt habe, fahre ich einen alten Volvo, und ich bin damit völlig zufrieden. Was soll ich mit einem Bentley, außer damit zu protzen und andere neidisch zu machen? Das ist doch alles Blödsinn. Früher habe ich geglaubt, dass ich mit so etwas mein Selbstwertgefühl aufmöbeln kann. Heute weiß ich, dass es nicht funktioniert. Mein Selbstwertgefühl kommt daher, dass ich gute Zeit mit den Menschen verbringe, die ich gern habe, dass ich anderen Menschen helfe, so gut ich kann, und dass ich versuche, ein nützliches Mitglied der Gesellschaft zu sein. Das bringt mir *echtes* Selbstwertgefühl, ein Gefühl, das mir kein Auto der Welt jemals geben könnte.

Je mehr Ausgaben du reduzieren kannst, desto schneller gelangst du zu deinem Ziel, frei und unabhängig zu werden. Also würde ich dir empfehlen, dich einmal in Ruhe hinzusetzen, alles aufzuschreiben, was dich regelmäßig Geld kostet und dann genau zu überlegen, welche Kostenpunkte du wirklich brauchst. Dabei kann dir auch ein Haushaltsbuch helfen, das du ein paar Monate lang führst. Und wenn man gründlich an die Sache rangeht, findet man immer eine ganze Menge Geldfresser, die nicht sein müssen.

Allein der Coffee to go am Morgen kostet dich jeden Tag drei Euro – oder mehr. Im Jahr ist das ein guter Tausender. Wenn du allein dieses Geld schlau anlegen würdest, könntest du damit nach zehn Jahren gut und gerne an die 15.000 Euro machen. Einfach, indem du deinen Kaffee zuhause trinkst und ganz nebenbei keine umweltschädlichen Pappbecher verwendest. Wir alle konsumieren sowieso viel zu viel und verbrauchen damit Ressourcen, verschmutzen die Umwelt und schädigen das Klima. Es würde der Welt gut tun, wenn alle ihren Konsum ein bisschen runterschrauben würden."

„Das ist wohl wahr."

„Ich denke, dass sparsam leben eine ganze Reihe von Vorteilen hat. Ich glaube, es fällt den Menschen vielleicht ein bisschen leichter, auf Komfort und gewisse Vorzüge zu verzichten, wenn sie ein konkretes Ziel vor Augen haben, das ihnen einen weitaus größeren Zuwachs an Lebensqualität verspricht als die kleine Befriedigung, die sie sofort haben können."

„Du hast total Recht. So betrachtet sehe ich plötzlich einen ganz anderen Sinn im Sparen. Ich denke, ich werde mir diesen Tipp tatsächlich zu Herzen nehmen."

„Darin kann ich dich nur bestärken. So, und jetzt haben wir wirklich schon viel zu viel über Geld geredet – dafür dass Geld eigentlich nicht so wichtig sein sollte."

Dennis musste lachen und sagte dann:

„Eine Frage habe ich dazu noch: Du hattest ja auf der einen Seite gesagt, dass man für ein zufriedenes Leben nicht viel Geld braucht – und andererseits schwärmst du von einem Leben in Freiheit durch einen Haufen Geld, der Rendite bringt. Findest du nicht, dass sich das irgendwie widerspricht?"

„Ich finde, dass da kein Widerspruch drin steckt. Wahr ist, dass man zum Zufriedensein nicht zwangsläufig viel Geld braucht. Wahr ist auch, dass man mit Geld mehr Freiheiten hat und mehr Möglichkeiten, seine Zeit gut und sinnvoll zu gestalten. Mein entscheidender Punkt ist, dass ich es für einen Fehler halte, wenn Geld *zu wichtig* wird und es Menschen krank macht, auf die eine oder andere Art. Es kommt immer und vor allem auf die innere Haltung dazu an und darauf, wie man seine Zeit und sein Geld verwendet und wie man sein Leben gestaltet."

„Okay. Das ergibt Sinn."

„Deswegen habe ich jetzt auch noch einen Tipp für dich, der weniger mit Geld zu tun hat, sondern sich darum dreht, wie du dich motivieren kannst, deine Lebensziele zu erreichen."

„Erzähl!"

„Und zwar handelt es sich um eine Motivationstechnik, die ich schon damals in meiner Anfangszeit angewendet habe, und die heutzutage sehr populär geworden ist. Hast du schon mal von einer Sache namens *Vision Board* gehört?"

„Nicht wirklich."

„Ein *Vision Board* ist ein Hilfsmittel, mit dem du deine Ziele, Träume und Wünsche konkret sichtbar machst. Es besteht im Wesentlichen aus einer Tafel, einem Poster oder einer digitalen Collage, auf der du Bilder, Texte und andere Elemente anbringst, die für das stehen, was du in deinem Leben erreichen möchtest, also für deine *konkreten Ziele*. Es kann verschiedene Bereiche deines Lebens abdecken wie Karriere, Beziehungen, Gesundheit, Reisen oder persönliches Wachstum. Du könntest Bilder aus Zeitschriften ausschneiden, Fotos aus dem Internet herunterladen und sie auf ein großes Poster kleben. Nehmen wir als Beispiel an, du möchtest wie eben erwähnt, eine längere Tour nach Ostasien machen. Also klebst du Bilder aus dieser Gegend auf."

„Okay, und was soll das bringen?"

„Die Idee dahinter beruht auf der Annahme, dass visuelle Reize eine starke Wirkung auf unser Unterbewusstsein haben und uns dabei unterstützen können, unsere Ziele mit mehr Energie anzustreben. Indem du dich auf deine Ziele fokussierst und sie in Form von Bildern und Worten darstellst, schaffst du eine konkrete Verbindung zu deinen Wünschen. Das *Vision Board* dient als tägliche Erinnerung an deine Ziele und kann dir helfen, motiviert zu bleiben, Hindernisse zu überwinden und neue Ideen zu entwickeln, die dir helfen, dein Ziel zu erreichen."

„Und das funktioniert?"

„Psychologen sagen: Ja! Erstmal gibt es das psychologische Prinzip des *Visualisierens*. Indem du dir deine Ziele bildlich vorstellst, wird es für dein Gehirn leichter, sie als realistische Möglichkeiten wahrzunehmen. Außerdem sprechen Psychologen vom *Gesetz der Anziehung*. Es besagt, dass wir in unser Leben das anziehen, worauf wir uns konzentrieren. Durch die Fokussierung auf deine Ziele und das regelmäßige Betrachten des *Vision Boards* richtest du deine Energie und Aufmerksamkeit auf das, was du erreichen möchtest. *Vision Boards* wirken auf das Unterbewusstsein, das einen starken Einfluss auf unser Denken, Verhalten und unsere Entscheidungen hat. Indem du deine Ziele visualisierst und emotional damit verbindest, beeinflusst du dein Unterbewusstsein und aktivierst Ressourcen und Fähigkeiten, um diese Ziele zu erreichen."

„Das klingt ziemlich überzeugend."

„Wie gesagt: Ich habe das früher so gemacht, und es hat mir geholfen. Damals habe ich es mit dem Erreichen der Ziele zwar ein bisschen übertrieben, aber das ändert ja nichts an der Wirksamkeit dieser Technik. Und es hilft dir auch dabei, dir überhaupt erstmal klar zu werden, was deine Wünsche und Ziele konkret überhaupt sind. Und das ist entscheidend: Je *konkreter* deine Ziele sind, desto besser! Es ist hilfreich, wenn du dir genau vorstellst, wann du was genau erreicht haben willst und dass du dir das dann so konkret wie möglich ausmalst. Ich habe mir damals zum Beispiel vorgestellt, dass ich bis zum Zeitpunkt X zehn Millionen D-Mark auf dem Konto haben und eine Villa und einen Bentley besitzen möchte. Außerdem wollte ich ein eigenes Flugzeug."

„Ja, das hattest du erzählt."

„Du kannst sagen, dass du das albern findest, aber ich fertigte damals ein Album an, in das ich entsprechende Bilder einklebte, die ich aus Zeitschriften ausgeschnitten und aus Büchern kopiert hatte. Und dieses Album sah ich mir oft an, und es hat mich tatsächlich beflügelt."

„Interessant. Sobald ich wieder zuhause bin, werde ich das ausprobieren. Aber wie du schon sagst... erstmal will ich mir über meine wirklichen Ziele klar werden."

„Dafür bist du schließlich hier."

10

Die nächste Tagesetappe führte nach León, die Hauptstadt der gleichnamigen Provinz. Dennis war sehr gespannt darauf, denn die historisch und kulturell bedeutende Stadt hatte einige Sehenswürdigkeiten zu bieten, unter anderem eine der schönsten Kathedralen Spaniens. Dennis und André hatten beschlossen, diese Tagesetappe getrennt zu wandern und sich anschließend in León zu treffen und den darauffolgenden Tag für eine ausführliche Stadtbesichtigung zu nutzen. Und so wanderte Dennis allein weiter westlich. Abends trafen die zwei zusammen und leisteten sich ein reichhaltiges Abendessen in einer urigen Tapasbar.

Nach und nach bestellten sie Tortilla Española, eine Art Kartoffelomelett, Albóndigas, also Fleischbällchen in einer herzhaften Tomatensoße, Gambas al Ajillo – Garnelen, die in Olivenöl mit Knoblauch zubereitet waren, Jamón Ibérico, den berühmten luftgetrockneten spanischen Schinken und einiges mehr. Es wurde ein ausgedehntes kleines Festessen, bei dem die beiden plauderten, lachten und es sich nach allen Regeln der Kunst gut gehen ließen.

Als sie sich am folgenden Vormittag anschickten, die Provinzhauptstadt León unsicher zu machen, glühte die Sonne bereits heiß auf Dennis und André herunter. Die beiden Männer flanierten durch das historische Herz der Stadt. Überall gab es Geschäfte und kleine Lädchen mit vielfältigen Auslagen, in denen traditionelle Handwerkskunst, massenweise Pilgersouvenirs und lokale Delikatessen angeboten wurden. Der Duft von frisch gebrühtem Kaffee und frischem Brot vermischte sich mit dem verlockenden Aroma von Tapas und Paella aus den Restaurants.

Ihr Weg führte die beiden schließlich zu der bedeutendsten Sehenswürdigkeit von León: der Kathedrale Santa María de León. Die monumentale Fassade mit ihren filigranen Steinmetzarbeiten und den kunstvoll gestalteten Fenstern ragte majestätisch vor ihnen auf und verlieh ihnen das Gefühl, in eine vergangene Epoche einzutauchen.

Anschließend besichtigten sie das jüdische Viertel von León. Die farbenfrohen Gebäude, geschmückt mit Blumenkästen voller duftender Blüten, verströmten eine Atmosphäre von Heiterkeit und Lebensfreude. Eine Weile lang lauschten sie den Künsten einer Straßenmusikerin, die mit ihrer Violine fröhliche spanische Melodien zum Besten gab.

Beiden tat es gut, nach der langen Zeit auf dem Pilgerweg und in einsamen Dörfchen endlich mal wieder in das Treiben einer richtigen Stadt einzutauchen. Als Dennis am späten Abend schließlich im Bett lag, fühlte er sich auf angenehme Art erledigt und fiel bald in einen erholsamen Schlaf.

Am folgenden Tag starteten die beiden gemeinsam in Richtung des nächsten Tagesziels, der Ortschaft Villadangos del Páramo. Der Tag war ziemlich bewölkt, aber immerhin trocken.

Sie ließen das Stadtgebiet von León hinter sich und gelangten in den Nachbarort namens Virgen de Camino. Hier lag unter anderem auch der Flughafen von León, den sie in einiger Entfernung passierten und wo sie ein paar Fliegern beim Starten und Landen zuschauen konnten. Weiter ging es dann durch kärgliche Landschaften.

Nachdem sie eine Weile lang über Belangloses geplaudert hatten, sagte Dennis:

„Jetzt brenne ich aber wirklich darauf, was dein sechstes und finales Prinzip ist!"

„Ja", lachte André, „das will ich dir gerne sagen. Nicht ganz umsonst habe ich mir diesen Punkt für den Schluss aufgehoben, denn in gewisser Hinsicht ist er besonders wichtig, weil er die Voraussetzung ist für alles andere."

„Und welcher ist es?"

„Hast du keine Idee?"

„Nicht wirklich."

„Okay. Ich würde dieses Prinzip so zusammenfassen:

Lebe gesund und gehe achtsam um mit Körper und Seele.

„Ah, okay, da hätte ich natürlich drauf kommen können, nach allem, was du so erzählt hast."

„Auch das ist wieder ein Grundsatz, der eigentlich selbstverständlich sein sollte, und doch handeln die meisten Menschen dagegen."

Er machte eine Pause, in der er Dennis bedeutungsvoll ansah, und fügte dann hinzu:

„So wie du."

„Du meinst mit meinem Job?"

„Ganz genau. Ich werde da gleich noch näher drauf eingehen. Ich selbst jedenfalls habe diesen Fehler oft genug gemacht. Als ich dir meine Lebensgeschichte erzählt habe, habe ich ja schon deutlich gemacht, in was für Krisen ich hineingeraten bin. Immer lag es daran, dass mein Leben aus der Balance geraten war. Ich hatte meinen Körper, meine Seele, aber auch meine zwischenmenschlichen Beziehungen aufs Sträflichste vernachlässigt, und das hat sich am Ende gerächt.

Und ich bin mit diesem Problem beileibe nicht allein: Im Laufe meiner Karriere habe ich eine ganze Anzahl von Menschen erlebt, die mit solchen Problemen zu kämpfen hatten. Einige von ihnen hatten einen ausgewachsenen Burnout. Und ich glaube, dass heutzutage immer noch unterschätzt wird, was ein Burnout tatsächlich bedeuten kann. Ein früherer Bekannter von mir hatte so viel gearbeitet – teilweise 16 Stunden am Tag und mehr – dass er am Ende zusammenbrach und wochenlang wie gelähmt war und sogar gefüttert werden musste."

„Gute Güte!"

„Ja. Es dauerte viele Monate, bis er wieder einigermaßen auf dem Damm war."

„Wahnsinn!"

„Wieder ein anderer war über ein halbes Jahr lang krankgeschrieben und brauchte ein weiteres Jahr Auszeit, um wieder arbeitsfähig zu werden. Und wie viele Ehen und Familien daran zerbrechen, dass der Ehemann – respektive Vater – ein Workaholic ist und sich kaum noch zu Hause blicken lässt, vermag ich nicht zu sagen, aber es sind sicherlich eine ganze Menge.

Typisch ist auch der Missbrauch von Alkohol, Drogen und Medikamenten im Kreis von Menschen, die mit aller Kraft für ihre Karriere kämpfen. Um das Ungleichgewicht in ihrem Leben zu kompensieren, brauchen sie Substanzen, die sie einigermaßen am Laufen halten. Sei es, um schlafen zu können, sei es, um aus dem erschöpften Körper noch die letzte Energie herauszupressen, oder sei es, um sich notfalls mit der Brechstange in eine bessere Stimmung zu versetzen.

Das alles ist natürlich hochgradig ungesund und führt im schlimmsten Fall am Ende zum Schlaganfall, zum Herzinfarkt, zu Krebserkrankungen, und was es an stressbedingten Zivilisationskrankheiten sonst noch so gibt. Was mich immer wieder erstaunt, ist, dass das alles passiert, obwohl diese Gefahren beileibe keine Neuigkeiten sind. Und trotzdem glauben so viele Leute, dass sie das nicht betrifft.

Wie auch immer: Nichts kann in deinem Leben besser dafür sorgen, dass du nachhaltig Erfolg und Erfüllung findest, als eine gesunde Lebensweise. Achte immer darauf, dass du genug Zeit zum Regenerieren hast. Dass du Methoden hast, um dich wirklich aktiv zu entspannen, sei es ein erfüllendes Hobby, seien es Entspannungsmethoden wie Meditation oder autogenes Training oder aber auch Sport. Körperliche Bewegung ist sowieso elementar. Achte auch darauf, dass du genügend Zeit mit den Freunden, der Partnerin, und den Menschen, die dir am Herzen liegen, verbringst.

Kurz gesagt: Verwirkliche das, was allgemein bekannt ist unter dem Schlagwort *Work-Life-Balance*."

„Das ist alles absolut einleuchtend. Aber was ist, wenn jemand eine verantwortungsvolle Position hat, zum Beispiel eine Führungsposition, und von ihm verlangt wird, dass er überdurchschnittlich viel Einsatz bringt? Immerhin ist das ja nicht ganz unüblich."

„Das stimmt, das ist nicht unüblich. Und ich würde sagen, es kommt ganz darauf an, in welchem Ausmaß man überdurchschnittlichen Einsatz bringt. Jeder muss selbst entscheiden, wo die eigene Grenze liegt. Aber eins würde ich ganz klar sagen: Wenn man dauerhaft das Gefühl hat, dass mehr verlangt wird, als man eigentlich zu geben fähig ist, dann habe auch den Mut, dich entschieden zu wehren und klare Grenzen zu setzen."

„Und wenn das nicht akzeptiert wird?"

„Dann liegt es an einem selbst, den Mut zu haben, sich nach einer anderen Stelle umzusehen. Und auch wenn jemand sein eigenes Geschäft hat und sein eigener Boss ist, auch und gerade dann sollte man darauf achten, sich nicht zu sehr in die Arbeit zu versteigen. Gerade Selbstständige und Unternehmer neigen dazu, energetisch über ihre Verhältnisse zu arbeiten. Dafür gibt es verschiedene Gründe. Ein typischer Grund ist die Unfähigkeit zu delegieren, Mitarbeitern zu vertrauen und Kontrolle abzugeben. Darüber hatten wir ja auch schon gesprochen.

Ein anderer Grund ist Perfektionismus. Viele Menschen haben die Neigung, viel zu viel Energie in Dinge zu stecken, die gar nicht so viel Energie benötigen würden. Sie haben immer das Gefühl, dass das, was sie tun, nicht gut genug ist, und machen dann so lange an einer Aufgabe herum, bis sie in ihren Augen perfekt ist."

„Oje, das kenne ich."

„Dabei geht nicht nur viel Energie drauf, sondern auch viel Zeit. Und wer langfristig so arbeitet, der ruiniert damit auf Dauer auch sein Seelenheil und seine Gesundheit. Ironischerweise wird meistens gar nicht so ein hoher Grad an Perfektion erwartet. Der ganze Aufwand ist meist völlig unnötig. Perfektionismus ist daher von Übel. Auch dafür habe ich wieder ein schönes englisches Sprichwort: *Done is better than perfect.* Zu deutsch: *Erledigt ist besser als perfekt.* Konkret heißt das: Überlege dir bei jeder Aufgabe, wie perfekt sie überhaupt sein muss, und dann erledige sie so gut wie nötig."

„Aber Moment... als du über die Zen-Arbeitsmoral gesprochen hast, sagtest du doch, man soll sich bei der Arbeit darum bemühen, ein möglichst gutes Ergebnis zu erzielen."

„Ja, klar. Nicht perfekt heißt natürlich nicht, dass man schlampig arbeiten soll, sondern es heißt, nicht mehr Energie reinzustecken als tatsächlich nötig."

„Okay."

„Und es gibt noch eine andere hilfreiche Idee, die auch in diesen Bereich gehört. Hast du schon mal vom sogenannten *Pareto-Prinzip* gehört?"

„Nicht, dass ich wüsste."

„Das *Pareto-Prinzip* ist auch bekannt als die *80/20-Regel.* Es wurde nach dem italienischen Ökonomen Vilfredo Pareto benannt, der dieses Prinzip erstmals beobachtete. Dabei handelt es sich um einen Begriff aus dem Bereich des Selbstmanagements. Auf den Punkt gebracht besagt es, dass erfahrungsgemäß 20 Prozent des Aufwands für 80 Prozent des Ergebnisses verantwortlich sind. Und dass im Umkehrschluss 80 Prozent des Aufwandes weitgehend verpufft für Unwesentliches."

„Hmm... das klingt irgendwie ziemlich abstrakt. Kannst du mir dafür mal ein Beispiel nennen?“

„Nehmen wir an, du hast eine lange To-Do-Liste für den Tag. Du könnest jetzt die Aufgaben der Reihe nach abarbeiten, so wie sie eben auf dem Zettel stehen. Das Problem ist bloß, dass du vielleicht viel Zeit und Energie für unwichtige Aufgaben vergeudest, und dir dann die Zeit und die Energie für die wichtigen fehlen. Die Folge sind schlechte Ergebnisse, Frustration und ein Gefühl von Überforderung. Um das zu vermeiden, gehst du smart an die Sache ran und machst es so:

Anstatt die Aufgaben beliebig abzuarbeiten, analysierst du sie erst einmal und identifizierst diejenige, die am wichtigsten ist und den größten Einfluss auf deine Ziele oder den größten Nutzen hat. Diese Aufgabe gehst du als erstes an, auch wenn sie schwierig oder unangenehm ist. Der Clou ist: Danach fühlst du dich erleichtert und hast den Rest des Tages mehr Energie und Motivation für die weniger wichtigen Aufgaben. Und die erfüllst du mit einem angemessenen Aufwand – ohne dich zu überfordern. Vielleicht kannst du die eine oder andere sogar ganz weglassen.

Indem du das Pareto-Prinzip anwendest und dich auf die entscheidenden Aufgaben konzentrierst, kannst du deine Produktivität steigern, bessere Ergebnisse erzielen und hast das Gefühl, dass deine Zeit und Energie effektiv genutzt werden. Also, kurz zusammengefasst: Arbeite smart und nach dem Motto: *Done is better than perfect* und vermeide Perfektionismus. Damit tust du dir selbst und deiner psychischen Gesundheit einen riesigen Gefallen."

„Ja, das klingt wirklich smart. Und ist im Grunde ganz leicht anzuwenden."

„Genau."

Während sie einige Schritte schweigend liefen, sortierte André seine Gedanken, bis er fortfuhr:

„Lass mich noch mal auf das eigentliche Prinzip zurückkommen: *Lebe gesund und gehe achtsam um mit Körper und Seele.* Dazu gehört für mich auch, dass du deinen Körper gesund hältst, indem du dich gesund ernährst und regelmäßig für Sport und Bewegung sorgst.

Und was die psychische Gesundheit betrifft: Wie ich dir ja erzählt habe, war ich durch meine Zusammenbrüche gezwungen, mich mit mir und meiner Psyche auseinanderzusetzen und habe deswegen mehrmals Therapien gemacht. Ich habe davon ungemein profitiert, und ich kann nur jedem raten, der mit psychischen Schwierigkeiten aller Art kämpft, Probleme im Umgang mit seinen Mitmenschen hat oder der generell unter einem unguten Lebensgefühl leidet, sich diesen Problemen zu stellen und eine Therapie in Angriff zu nehmen. Für mich und meine persönliche Entwicklung war das jedenfalls absolut essentiell und unverzichtbar, und ich habe über mich selbst sehr viel gelernt. Ich habe meine Grenzen kennengelernt, aber auch meine Ressourcen, Möglichkeiten und Fähigkeiten. Und es hat mir sehr geholfen, mein Leben auf die richtige Spur zu bringen und letztlich Erfüllung zu finden."

„Vielleicht sollte ich sowas auch mal machen."

„Schaden kann es bestimmt nicht. Ich betrachte eine Therapie inzwischen als eine Art Lebens-Coaching. Ich sehe in meinem Therapeuten gar nicht wie früher einen Seelenklempner, der meinen Dachschaden repariert, sondern einen professionellen Berater, der mich dabei unterstützt, mein Leben bewusster und erfüllender zu gestalten."

„Interessant."

„Außerdem lese ich eine Menge psychologische Literatur. Auch das bringt mir immer wieder viel Inspiration und fördert meine Entwicklung. Du kennst ja meine Meinung: Ich glaube, Leben bedeutet ständiges Lernen. Man ist nie fertig. Und nie perfekt. Und soll man auch gar nicht sein. Das Leben ist ein *Work in Progress,* und lebendig sein bedeutet: sich immer weiter zu entwickeln, Neues hinzuzulernen, sich selbst immer besser kennenzulernen und so immer mehr zu sich selbst und der eigenen Erfüllung zu finden."

Dennis nickte und sagte dann:

„Ich würde gerne noch einmal zurückkommen auf das Thema *zu viel arbeiten*. Ich denke, du hast vollkommen recht, dass das ein echtes Problem ist bei mir. Was würdest du an meiner Stelle tun? Ich meine, ganz konkret?"

„Du hast gesagt, dass du Schlafstörungen hast, dass du freudlos bist und dich regelrecht krank fühlst. Ich würde also sagen, dass nichts dagegen spricht, dass du dich tatsächlich erst einmal von deinem Arzt krankschreiben lässt. Warum solltest du den Helden spielen? Schildere deinem Arzt deine Situation und deine Symptome, und er wird dich wegen eines Erschöpfungssyndroms krankschreiben."

„Meinst du wirklich?"

Aber ja! Oder möchtest du mit Vollgas direkt in den Burnout steuern?"

„Nein, natürlich nicht."

„Und danach würde ich mit meinem Chef reden und ihm erklären, dass du mit dem bisherigen Arbeitspensum nicht mehr einverstanden bist und dass du dir geregeltere Arbeitszeiten wünschst."

„Da weiß ich gleich schon, wie er reagieren wird. Er wird mich auslachen."

„Ja, und wenn er auf diese Forderung nicht eingeht, dann lässt du dich erneut krankschreiben."

„Dann wird er mich früher oder später feuern."

„Richtig, und dann lässt du dich eben feuern. Es gibt keinen vernünftigen Grund, dass du dich kaputt arbeitest."

„Und dann?"

„Dann erholst du dich erstmal und suchst dir einen neuen Job. Ich weiß, das ist ein ziemlich unkonventioneller Tipp, den ich dir da gebe, aber ich glaube, dass du nur so wieder zu einem gesunden Leben zurückfinden kannst. Schau mal: Es gibt zwei Möglichkeiten. Entweder dein Chef lässt sich auf geregelte Arbeitszeiten ein und du bleibst, wo du bist, oder du nimmst in Kauf, dass du eine Weile lang arbeitslos bist, bis du einen neuen Job gefunden hast. Dafür gibt es ja die Arbeitslosenversicherung. Ich finde das nicht ehrenrührig, mal von Arbeitslosengeld zu leben, da es ja schließlich um deine Gesundheit geht. Und ich bin ziemlich fest davon überzeugt, dass du nicht lange arbeitslos bleiben wirst. Du bist ein intelligenter Kerl und machst einen angenehmen und kompetenten Eindruck. Du wirst immer einen Job finden."

„Danke!"

„Ich kann dich nur ermutigen, dich aus dieser Situation zu befreien. Und es kann ja nicht verkehrt sein, mal eine Weile lang frei zu haben. In dieser Zeit könntest du dich um deinen Traum kümmern und an einer Romanidee feilen."

„Ja", lachte Dennis und fügte hinzu: Ich werde mir das mal durch den Kopf gehen lassen."

11

Die nächste Etappe liefen die beiden wieder jeder für sich. Nachdem Dennis den Ort Villadangos del Páramo verlassen hatte, wanderte er bei strahlendem Sonnenschein durch malerische Landstriche, vorbei an Bauernhöfen und Dörfchen. Goldene Getreidefelder erstreckten sich, soweit das Auge reichte und wiegten sich im sanften Wind.

Am Tagesziel Astorga trafen die beiden Männer wieder zusammen. Gemeinsam besichtigten sie diese charmante Stadt mit ihrer faszinierenden Geschichte und ihren sehenswerten Bauwerken: Zunächst statteten sie der Kathedrale Santa María einen Besuch ab, um dann die eigentliche Attraktion von Astorga zu bewundern: den Palacio Episcopal, den Bischofspalast, ein modernistisches Meisterwerk des Architekten Antoni Gaudí. Dieser außergewöhnliche Sakralbau raubte Dennis tatsächlich den Atem. Er sah aus wie ein Schloss aus einem Fantasy-Film – oder besser gesagt: Er sah aus wie *mehrere* Schlösser aus einem Fantasy-Film. Denn aus jeder Perspektive hatte er einen ganz eigenen Charakter. Mal erinnerte er an Schloss Neuschwanstein, dann wieder an eine barocke Trutzburg oder an Cinderellas Jagdschlösschen. Dies war vermutlich das außergewöhnlichste und märchenhafteste christliche Bauwerk, dass er je gesehen hatte.

Hinter Astorga wanderten die beiden gemeinsam durch die majestätischen Berge von Galicien. Die Wege schlängelten sich durch dichte Wälder, überquerten sprudelnde Bäche und führten dann wieder vorbei an Feldern und Weinbergen. Sie passierten das verfallene Geisterstädtchen Foncebadón und steuerten dann auf einen weiteren bedeutenden Meilenstein des Camino zu: das Cruz de Ferro auf dem Monte Irago in 1.500 Metern Höhe. Der Pfad dorthin war steil und anspruchsvoll. Schwitzend stiegen sie in der sengenden Sonne höher und höher. Schließlich erreichten sie den Gipfel. Vor ihnen erhob sich ein hoher, massiver Baumstamm, auf dessen Spitze ein kleines eisernes Kreuz montiert war. Der Baumstamm stand mitten in einem riesigen Haufen unzähliger Steine, von denen einige bemalt oder beschriftet waren.

„Das hier ist ein ganz besonderer Ort“, sagte André, „der Legende nach liegt sein Ursprung in der Römerzeit, als hier ein Opferaltar errichtet wurde. Es ist der höchste Punkt auf dem Camino Frances. Die Steine haben übrigens eine Bedeutung, die dir bekannt vorkommen dürfte: genau wie im Tal der Steinmännchen legen viele Pilger hier einen Stein ab als Symbol einer Last, die sie loswerden wollen."

Die schier unüberblickbare Zahl von Steinen vermittelte eine Ahnung davon, wie viele Pilger im Laufe der Jahrhunderte den Jakobsweg bezwungen hatten. Ähnlich wie das Tal der Steinmännchen kam Dennis dieser Ort vor wie ein eindrucksvolles Symbol für die geheimnisvolle Kraft des Pilgerweges.

Die folgenden Etappen liefen die beiden wieder weitgehend getrennt voneinander. Jetzt galt es, einen der schwierigsten Teile des Weges zu bewältigen. Die Etappe von Villafranca del Bierzo nach O Cebreiro war auch bekannt als der *Camino Duro*, der harte Weg. Den Namen trug diese Strecke nicht ohne Grund: Es ging steil aufwärts, und Dennis hatte – wie alle anderen Pilger auch – massiv zu kämpfen. Er bewältigte den Camino Duro und wurde belohnt mit atemberaubenden Aussichten auf die paradiesischen Bergketten der Sierra d'Ancares. Auf seiner weiteren Wanderung durch dieses traumhafte Bergland kam er durch eine Reihe beschaulicher Dörfer und Kleinstädte, und er nutzte die einsamen Stunden des stillen Wanderns, um über all das nachzudenken, was er von André gehört hatte und darüber, wie es in seinem Leben weitergehen sollte.

Den letzten Teil des Camino absolvierte Dennis schließlich wieder gemeinsam mit André. Als sie am letzten Tag in einem Weiler namens Santa Irene an einer schmucken kleinen Kapelle vorbeikamen, sagte Dennis:

„Weißt du, was merkwürdig ist?"

„Was denn?"

„Wir haben uns auf dem ganzen Weg nicht ein einziges Mal über religiöse Fragen unterhalten."

„Und das auf einem Pilgerweg!", erwiderte André schmunzelnd, „was für ein Sakrileg!"

Dennis lachte, und der Ältere fügte hinzu:

„Vermutlich liegt es daran, dass wir beide nicht gerade besonders christlich sind. Oder sehe ich das falsch?"

„Nein. Ich bin auch nicht religiös."

„Aber trotzdem glaube ich, dass es eine Art von höherer Macht gibt, eben nur nicht im christlichen Sinne."

„In welchem dann?"

„Man könnte sagen, ich bin Pantheist."

„Was bedeutet das nochmal?"

„Ein Pantheist glaubt, dass Gott und Welt identisch sind."

„Und wie genau muss man sich das vorstellen?"

„Hast du schon einmal von dem Philosophen Spinoza gehört?"

„Kann sein... aber ich wüsste gerade nichts Genaues."

„Baruch Spinoza war ein niederländischer Philosoph des 17. Jahrhunderts und gilt als einer der bedeutendsten Rationalisten der Philosophiegeschichte. Sein pantheistisches Weltbild basiert auf der Idee, dass Gott und die Natur untrennbar miteinander verbunden sind. Er betrachtet Gott nicht als eine transzendente Wesenheit außerhalb der Welt, sondern als die alles durchdringende Substanz, aus der alles entsteht.

Diese Substanz ist unendlich und verursacht sich selbst. Es gibt bei ihm also nicht diesen väterlichen Gott wie im Christentum, zu dem man betet und vor dem man sich verantworten muss. Der Mensch ist vielmehr Teil der göttlichen Natur, und das Göttliche steckt somit in ihm selbst."

„Klingt spannend."

„Sein Hauptwerk, die *Ethik,* ist übrigens ein philosophisches Werk ohne Beispiel. Es ist ein kolossales denkerisches Kunstwerk, das dasteht wie eine Kathedrale, und Genie und Wahnsinn liegen in ihm so nah beieinander wie in kaum einem anderen philosophischen Buch."

„Inwiefern?"

„Spinoza lebte in einer Zeit, in der die Mathematik gerade ihren großen Siegeszug feierte, und die Naturwissenschaften immer erfolgreicher die Natur mit mathematischen Mitteln erklärten und beherrschbar machten. Wie du weißt, hat diese Entwicklung zur modernen Naturwissenschaft und Technologie geführt und war eine bedeutende Revolution in der Geschichte des menschlichen Geistes.

Spinoza nahm sich nun vor, diese Entwicklung in den Naturwissenschaften auch auf die Philosophie zu übertragen und versuchte, die Welt, den Menschen, sein emotionales Leben – und schließlich auch die

Ethik mit mathematischen Mitteln zu beschreiben und zu erklären – und somit so unanzweifelbar zu machen wie die Mathematik.

Wie du vielleicht weißt, beruht die gesamte Mathematik auf den sogenannten Axiomen. Das sind Grundsätze, die zwar nicht beweisbar sind, die aber so unmittelbar einleuchten, dass man sie nicht ernsthaft bezweifeln kann. Also zum Beispiel der Grundsatz: Auf jede Zahl folgt eine weitere. Alle übrigen mathematischen Lehrsätze sind Ableitungen von diesen Axiomen, wobei sich diese Lehrsätze immer beweisen lassen, sodass das ganze Gebäude der Mathematik ein in sich evidentes System von Lehrsätzen ist, das nahezu unumstößliche Gewissheit in sich trägt.

Und genau nach diesem Vorbild wollte Spinoza Gott, die Welt und den Menschen erklären. Ganz besonders skurril wird es, wenn er auf diese Weise die menschlichen Gefühle systematisiert."

„Ja, das klingt wirklich schräg."

„Überleg mal: Ein zutiefst rationalistischer Philosoph erklärt die Gefühle. Bei ihm gehen alle Emotionen auf zwei Grundempfindungen zurück, nämlich Freude und Leid. Freude definiert er als den Übergang des Menschen in einen vollkommeneren Zustand. Leid hingegen ist der Übergang des Menschen in einen unvollkommeneren Zustand. Liebe wiederum definiert er als den Übergang des Menschen in einen vollkommeneren Zustand, begleitet von der Idee einer äußeren Ursache."

„Das klingt ganz schön sperrig."

„Das stimmt", lachte André, „aber trotzdem trifft es die Sache ja eigentlich ziemlich gut, und ich finde diese Vorstellung vom Übergang in einen vollkommenen Zustand durch die Liebe sehr charmant."

„Na, jedenfalls ist mir die pantheistische Philosophie von Spinoza irgendwie sympathischer als die katholische Kirche."

„Ja, das geht mir auch so."

„Trotzdem gefällt mir diese spirituelle Atmosphäre auf dem Jakobsweg, und ich habe auch wirklich Spaß daran, mir die Kapellen, Kirchen und Kathedralen anzusehen. Bei allem, was man an der katholischen Kirche kritisch sehen kann, hat diese ganze Kultur doch auch etwas Faszinierendes."

Nachdenklich schweigend liefen sie weiter. Nach einer Weile verlief der Weg parallel zum Flughafen von Santiago de Compostela. Nachdem sie einer Kurve gefolgt waren, liefen sie unweit des Endes der Landebahn entlang, und urplötzlich flog dröhnend und beängstigend nah ein landendes Flugzeug über ihre Köpfe hinweg.

„Die hatten es nicht ganz so lang bis Santiago wie wir", scherzte André und fügte hinzu: „Jetzt sind wir so gut wie da. Nächste Station ist der Monte do Gozo, zu Deutsch: Freudenberg. Eigentlich ist es eher ein Hügel. Von da aus kann man schon die Kathedrale von Santiago de Compostela sehen."

Nachdem sie ein Stück weiter gewandert waren, hob er seinen Stock, wies nach vorn und sagte:

„Da!"

Sie näherten sich einem grünen Hügel, und dieser Hügel war ganz offensichtlich tatsächlich etwas Besonderes, denn hier wimmelte es nicht nur von vielen Pilgern, sondern hier war auch das Ziel von Reisebussen, die ganze Gruppen von Tagestouristen ausspuckten. Dennis und André stiegen den Hügel hinauf und wurden in Empfang genommen von einem monumentalen abstrakten Kunstwerk und zwei ganz besonderen fröhlichen Gesellen: Es handelte sich um Skulpturen, die zwei Pilger darstellten, die Hände grüßend nach vorn gerichtet.

Dennis folgte ihren Blicken: Vor ihnen zeigte sich in einiger Entfernung die erhabene Kathedrale von Santiago de Compostela. Dennis lief ein Schauer über den Rücken, und er wurde ein wenig sentimental. Dies war der Ort, auf den sie seit über einem Monat zugesteuert waren. Und es war der Ort, dem Millionen von Menschen im Laufe der Jahrhunderte entgegen gepilgert waren, um mit Gott, der Welt und sich selbst ins Reine zu kommen – ein wahrhaftes spirituelles Zentrum. Mochte er nun gläubig sein oder nicht, Dennis konnte sich der besonderen Magie dieses Ortes nicht entziehen.

Als sie schließlich die Stadtgrenze erreichten und Santiago betraten, überkam Dennis ein wenig Ernüchterung, weil diese so bedeutende Stadt zunächst einen enttäuschend nichtssagenden, schlicht-modernen Eindruck machte. Doch das änderte sich, sobald sie die schmucke Altstadt im Zentrum erreichten – ein weiterer Ort, der zum UNESCO-Weltkulturerbe gehörte.

Die mittelalterlichen Gebäude, die engen verwinkelten Gässchen, die ganze historische Atmosphäre erinnerte Dennis an die Winkelgasse aus den Harry-Potter-Filmen. Die Straßen waren erfüllt von einer Vielzahl von Menschen aus aller Welt, viele von ihnen hatten ihre Pilgerreise beendet und genossen die spirituelle Atmosphäre der malerischen historischen Stadt.

Sie schlenderten vorbei an kleinen Läden, in denen Souvenirs und Pilgerandenken verkauft wurden, und nahmen sich die Zeit, einige der Stände zu durchstöbern. Das meiste war ziemlich kitschiges religiöses Zeug wie Ikonen, verzierte Kerzen und ähnlicher Schnickschnack, und natürlich war die Jakobsmuschel in unzähligen Variationen allgegenwärtig.

Schließlich erreichten die zwei die majestätische Kathedrale von Santiago de Compostela, ein ehrfurchtgebietendes Prachtwerk, das barocke, klassizistische und gotische Elemente auf reizvolle Weise miteinander vereinigte. Ihre Blicke schweiften über die imposante barocke Westfassade, die mit Skulpturen und reichen kunstvollen Verzierungen geschmückt war.

Bevor sie die Kathedrale betraten, suchten sie das benachbarte Pilgerbüro auf, denn hier galt es, eine bedeutende Amtshandlung zu vollziehen. Hier standen, in einer altehrwürdigen holzvertäfelten Halle, zahllose Pilger in Schlange, um ihre Pilgerurkunden in Empfang zu nehmen: die begehrte Compostela-Pergamentrolle. Nachdem Dennis und André eine Weile angestanden hatten, kamen sie an die Reihe und legten ihre Pilgerpässe vor, die sich inzwischen mit zahlreichen Stempeln von den Etappen ihrer Reise gefüllt hatten.

Eine freundliche Dame nahm nacheinander ihre Pässe entgegen, befragte sie dienstbeflissen, ob sie die letzten 100 Kilometer ordnungsgemäß ausschließlich zu Fuß gegangen waren, und nachdem sie sich überzeugt hatte, dass die Stempel vollständig waren, füllte sie ihre Pilgerurkunden aus und überreichte sie den beiden. Mit einer Mischung aus Stolz, Dankbarkeit und innerer Erfüllung nahm Dennis Pass und Urkunde entgegen.

Sodann flanierten sie hinüber zum Haupteingang der Kathedrale, dem *Portico de la Gloria*, einem opulenten romanischen Eingangsportal. Dort stand eine Statue des Apostels Jakob, und es war Pilgerbrauch, dass man ihm den Fuß küsste. Dennis und André verzichteten darauf, weil sie dafür wieder hätten anstehen müssen, und betraten stattdessen das Gotteshaus. Direkt beim Eintritt fiel der Blick durch das majestätische Mittelschiff auf den prächtigen goldenen Hauptaltar. Er war über dem Grab des Apostels Jakob erbaut, erläuterte André. Dennis fühlte sich überwältigt von einem Gefühl der Erhabenheit, das die hohen Gewölbe, die mächtigen Säulen, und die stimmungsvolle Beleuchtung in ihm auslöste. In der Luft lag ein intensiver Weihrauchgeruch.

Es herrschte reger Betrieb, ein eher weniger andächtiges Stimmengewirr von Hunderten von Touristen und Pilgern lag in der Luft. André zeigte zum Deckengewölbe und wies auf einen mächtigen silbrigen

Behälter, der an einem schier endlos langen Seil vom hohen Deckengewölbe herunterhing.

„Das ist der *Botafumeiro*", flüsterte der Ältere.

„Der was?!"

„Das berühmte Weihrauchfass. Bei besonderen Anlässen wird er an seinem langen Seil quer durch die ganze Kathedrale geschwenkt – ein echtes Spektakel. Ich habe es einmal miterlebt. Von dem ganzen Weihrauch wird man sogar ein bisschen high!", lachte er. „Früher wurde dieses Spektakel bei jeder Messe aufgeführt, aber weil das Fass schon arg verschlissen ist, beschränkt man sich nur noch auf hohe Feiertage."

Am Altar stand eine Statue des heiligen Jakob, und es war ein weiterer Pilgerbrauch, ihn von hinten zu umarmen und zu küssen. So taten sie, und dann setzten sich die beiden in eine der Kirchenbänke und nahmen sich Zeit für einen Moment der stillen Kontemplation. Ein wenig amüsiert dachte Dennis, dass nun wohl alle seine Sünden vergeben waren und er folglich mit der Pilgerurkunde das Ticket zum Himmelreich in Händen hielt. Die katholische Kirche hatte mit ihrem Zeremonienbrimborium manchmal auch einen irgendwie skurrilen Charme, fand er.

Nachdem sie schließlich die Kathedrale wieder verlassen hatten, sagte André:

„Offiziell ist unsere Pilgerreise jetzt beendet. Aber ich habe vor, dem Ganzen noch die Krone aufzusetzen."

„Nämlich wie?"

„Es gibt von Santiago aus einen weiteren Wanderweg bis an die Küste, zu einem Punkt, der *Finisterre* heißt, also *Ende der Welt*. Das ist ein besonders eindrucksvolles Fleckchen Erde, und viele Pilger nehmen diesen Schlenker noch mit."

„Klingt gut."

„Ich habe allerdings nicht vor, dorthin zu wandern, sondern ich würde morgen eine Bustour dorthin machen. Und wenn du Lust hast und keine weiteren Pläne, dann würde ich mich freuen, wenn du mich dorthin begleiten würdest."

„Okay, das machen wir!"

12

Am folgenden Vormittag bestiegen die beiden den Bus, der sie an jenen besonderen Ort bringen sollte. Nachdem sie die Stadt verlassen hatten, führte die Strecke durch die grünen Hügel, Wälder und idyllischen Dörfer Galiziens, deren oft strohgedeckte Häuschen einen liebenswerten, urtümlichen Charme hatten. Nach einer guten Stunde näherten sie sich der Küste und erhaschten einen ersten Blick auf das türkisblaue Meer.

Schließlich erreichte der Bus Finisterre, und die beiden begannen, die Gegend zu erkunden. Die Küste beeindruckte mit ihren wilden und unberührten Landschaften. Schroffe Felsen ragten aus dem Wasser empor, und die Brandung schlug rauschend und schäumend gegen die Klippen. Sie liefen bis zum Leuchtturm von Finisterre, der auf einer felsigen

Landzunge thronte und einen spektakulären Blick auf den Atlantischen Ozean bot.

Nachdem sie das Panorama eine Weile lang ausgekostet hatten, aßen sie in einem benachbarten Restaurant zu Mittag und schlenderten dann weiter die Küste entlang.

„Jetzt sag mal“, begann André, „wie ist deine Bilanz für deine Pilgerreise? Was nimmst du mit?“

„Als erstes bin ich natürlich unglaublich dankbar, dass ich dich kennenlernen durfte und dass ich so viel von dir lernen konnte.“

„Es war mir ein Vergnügen, mich mit dir auszutauschen.“

„Ich bin sehr froh, dass du mir eine Menge wichtige Denkanstöße gegeben hast, und es wird sich einiges in meinem Leben ändern.“

„Und hast du schon einen konkreten Plan gefasst?“

„Ja. Ich werde es ganz genauso machen, wie du es mir empfohlen hast. Ich lasse mich krankschreiben, um überhaupt erst einmal wieder klar denken zu können. Dann rede ich mit meinem Chef wegen reduzierter Arbeitszeiten. Und wenn er sich nicht darauf einlässt, bin ich bereit, mich feuern zu lassen und mir etwas anderes zu suchen. Und ich glaube, ich werde die PR-Branche verlassen und in Richtung Journalismus gehen, vielleicht tatsächlich Online-Journalismus.“

„Und was ist mit deinem Traum? Dem Roman?“

„Du hast mich überzeugt. Ich werde aufhören, nur davon zu träumen, und das konkret in Angriff nehmen. In meiner freien Zeit werde ich mich mit kreativem Schreiben beschäftigen, mir Bücher zu dem Thema besorgen und Ideen sammeln, worüber ich schreiben könnte. Ich muss sagen, es juckt mich schon richtig in den Fingern."

„Das ist toll! Mach das unbedingt!"

„Und was ist mit dir? Was für Träume hast du eigentlich?"

Andre blickte versonnen über den Atlantik und sagte:

„Mein großer Traum ist es, eine philosophische Reise zu machen."

„Eine philosophische Reise? Was meinst du damit?"

„Ich habe dir ja erzählt, dass ich mich für Philosophie interessiere und schon so manche philosophischen Werke gelesen habe. Meine Idee ist es, durch die Welt zu reisen, mir Schauplätze und Orte anzusehen, wo die großen Philosophen gelebt und gearbeitet haben und mich an Ort und Stelle mit ihren Ideen zu beschäftigen."

„Das klingt nach einer tollen Idee."

„Und nachdem ich dir geraten habe, deinen Traum endlich wahr werden zu lassen, denke ich, es wird Zeit, dass ich meinen eigenen auch bald wahr mache. Schließlich bin ich nicht mehr der Jüngste."

Er schaute nachdenklich in die Ferne und fügte hinzu:

„Das Leben ist zu kurz, um seine Träume immer nur vor sich herzuschieben."

Nachdem sie noch eine Weile gestanden und die geradezu unwirkliche Szenerie in sich aufgesogen hatten, machten sie sich auf den Weg – den Weg zurück in ihr normales Leben. Und Dennis war klar, dass für ihn ein neues Kapitel begonnen hatte.

Nachwort

Ich hoffe, du hattest eine gute Zeit mit diesem Buch!

Bitte hinterlasse eine **Bewertung** bei Amazon! Oder noch besser: eine kurze **Rezension**.

Vielen Dank!

Inspiriert durch eine reale Persönlichkeit

Die Idee für diese Geschichte und viele Gedanken und Inhalte sind inspiriert durch die beeindruckende Lebensgeschichte eines realen Menschen. Um sein Privatleben und seine Persönlichkeitsrechte zu respektieren, habe ich den Namen sowie weite Teile der Biografie verändert, und auch die geäußerten Ideen und Meinungen in diesem Roman entsprechen nicht notwendigerweise den Ansichten dieser Person.

Um wen es konkret geht, muss also mein Geheimnis bleiben. Ich möchte nur so viel sagen: Es gibt weltweit eine Reihe von hochvermögenden Philanthropen, die auf ein verschwenderisches Luxusleben verzichten und stattdessen einen Großteil ihres Vermögens für gemeinnützige Zwecke verwenden und sich für wichtige Menschheitsthemen einsetzen wie soziale Gerechtigkeit, Klimaschutz, Naturschutz und viele andere. Damit sind sie ein eindrucksvolles und inspirierendes Vorbild und beweisen, dass Reichtum und Luxus als Selbstzweck kein erstrebenswertes Ziel sind, sondern dass Geld nur dann echte Erfüllung und Zufriedenheit bringt, wenn es gerade nicht an erster Stelle steht, sondern höheren Zwecken untergeordnet ist wie der Förderung der Menschlichkeit und einem konstruktiven sozialen Miteinander. Im Umkehrschluss können wir daraus den tröstlichen Gedanken ableiten, dass Reichtum und äußerer Erfolg keineswegs notwendig sind, um zu einem erfüllten und zufriedenen Leben zu finden.

Jetzt entdecken:

Philipp Sommer

Ticket zurück ins Leben

Ein inspirierender Feelgood-Roman für Krisenzeiten

Tim Weber, 36, ist mit den Nerven am Ende. Pandemie, Krieg und Energiekrise haben sein Urvertrauen in die Welt erschüttert, und im Job steigt der Druck. Die Folge: Panikattacke im Möbelhaus.

Dort trifft er auf Jessy, 32. Wie sich herausstellt, steckt auch sie in einer Krise – wegen einer frischen Trennung.

Sie beschließen, sich gegenseitig zu unterstützen und hecken einen Plan aus, um ihre Krisen hinter sich zu lassen: Sechs Wochen lang wollen sie auf einem der längsten und schönsten Wanderwege der Welt wandern: Dem Appalachian Trail im Osten der USA. Dort machen sie Bekanntschaft mit einem mysteriösen Fremden, der einen wahren Schatz an Lebensweisheit mit ihnen teilt und ihnen den Weg zu Lebensfreude und innerem Frieden weist.

Philipp Sommer

Der Traum des Adlers

Eine inspirierende Reise in die Fülle des Lebens

Eine märchenhafte Erzählung über Freundschaft, Glück und den Mut, frei zu sein.

Wer „Die Möwe Jonathan“ und „Der träumende Delfin“ mochte, wird dieses Buch lieben.

Leserstimmen

"Wunderschöne märchenhafte Erzählung, die der Seele gut tut"
Mona

„Die Geschichte zeigt, dass durch Mut Träume einfach verwirklicht werden können und zu einem schöneren Leben führen.”

Janne

Auf dem Laufenden bleiben

Möchtest du informiert werden, wenn neue Titel von mir erscheinen oder andere Neuigkeiten erfahren? Dann abonniere meinen Newsletter.

Besuche meine Website:
www.sommer-philipp.de

Hast du Fragen, Kommentare oder Anregungen? Oder sind dir Fehler aufgefallen? Auch damit bist du auf meiner Website richtig!

Zu guter Letzt wünsche ich dir alles Gute und natürlich ein großes Stück vom Glück!

Herzlichst,
Philipp Sommer

Impressum

Philipp Sommer
c/o skriptspektor e. U.
Robert-Preußler-Straße 13 / TOP 1
5020 Salzburg
AT - Österreich

Kontakt

Nutze bitte statt der Postadresse meine E-Mail-Adresse:

philippsommer1@gmx.net

Printed in Poland
by Amazon Fulfillment
Poland Sp. z o.o., Wrocław

34670699R00104